W0288923

LE MUSÉE DE L'HOMME

ITINÉRAIRE

MUSÉUM NATIONAL D'HISTOIRE NATURELLE
MUSÉE DE L'HOMME
art lys

LE MUSÉE DE L'HOMME, 2015

COMITÉ DE PILOTAGE

présidé par Gilles Boeuf, Président (2009-2015) et Thomas Grenon, Directeur général du Muséum national d'histoire naturelle (2010-2015)

COMMISSARIAT SCIENTIFIQUE DU PARCOURS PERMANENT

Commissaire général : Évelyne Heyer, anthropologie génétique, département « Hommes natures, sociétés »
Commissaires : Département « Hommes natures, sociétés » : Serge Bahuchet (Directeur), Alain Epelboin, Richard Dumez, Alain Froment, Sabrina Krief, Franz Manni
Département « Écologie et gestion de la biodiversité » : Denis Couvet (Directeur), Pierre-Henri Gouyon Jean-Denis Vigne
Département « Préhistoire » : Claire Gaillard, Dominique Grimaud-Hervé, Roland Nespoulet, Patrick Paillet, Marylène Patou-Mathis, François Semah, Carole Vercoutère, Denis Vialou
Département « Histoire de la Terre » : Brigitte Senut

PROJET DE RÉNOVATION DU MUSÉE DE L'HOMME

Directrice du projet : Cécile Aufaure
Responsable de la Galerie de l'Homme : Agnès Parent
Chefs de projet-concepteurs : Fabrice Grognet, Valérie Kozlowski, Marie Merlin, Lucile Lignon
Responsable des expositions temporaires : Anne Stéphan
Balcon des sciences : Elsa Guerry, chef de projet-concepteur, Pierre Pénicaud, commissaire scientifique.

LA COLLECTION MICHEL DRAY

Dans le cadre de la rénovation du musée de l'Homme, la Galerie de l'Homme accueille dans sa première partie le dépôt de soixante pièces provenant de la collection de recherche de Michel Dray. Ses principaux objectifs sont la documentation de l'histoire des processus de perception, de cognition et de représentations dans les civilisations humaines en lien avec leur milieu et l'étude des phénomènes artistiques envisagés comme facteurs d'une histoire sociale et culturelle, mais aussi comme l'expression de phénomènes biologiques.
Cette approche de l'histoire des représentations de l'Homme dans son lien avec la « nature », s'inscrivant dans un écosystème global, est complémentaire des travaux des chercheurs du musée de l'Homme. Les pièces exposées ont été sélectionnées par les commissaires et Michel Dray en raison de leur pertinence comme de leur complémentarité avec les collectes réalisées par les chercheurs du musée dans le monde contemporain.

Ouvrage publié avec le soutien de la fondation d'entreprise Engie, mécène fondateur du musée de l'Homme.

FONDATION D'ENTREPRISE
ENGIE
MÉCÈNE FONDATEUR

Préface

Bienvenue au musée de l'Homme !
Ce mot lumineux et scintillant en de multiples langues et écritures du monde accueille nos visiteurs dans un musée entièrement repensé, transformé, mais qui demeure fidèle aux principes de ses fondateurs par sa modernité, son ouverture et son affirmation humaniste.
Pour qu'il résonne avec son temps, ses concepteurs ont réuni en tableaux spectaculaires et surprenants des objets qui racontent l'humain, des plus anciens aux plus récents, des plus lointains aux plus familiers.
Ils viennent de ses collections ou d'autres institutions, car désormais l'exposition n'est plus seulement la présentation de nos propres trésors – et ils sont nombreux dans les réserves du musée ! – mais la mise en scène d'idées. Déclinées sur les supports les plus variés, elles convoquent tous nos sens pour transmettre et partager des messages comme autant d'invitations à la réflexion.
Trois questions, fondamentales, structurent la Galerie de l'Homme : Qui sommes-nous ? D'où venons-nous ? Où allons-nous ?
Inépuisables, ouvertes, ces interrogations président aussi aux recherches menées dans ce musée-laboratoire qui tente de mieux

connaître l'humain. C'est l'homme dans toutes ses dimensions – biologique, sociale et culturelle – qui est pris pour objet d'étude, l'homme dans la complexité de son évolution, l'homme en interaction constante avec la nature, au passé comme au présent. « L'humanité est un tout indivisible, non seulement dans l'espace mais aussi dans le temps. » Cette affirmation de Paul Rivet, fondateur du musée de l'Homme de 1937, sonne comme un manifeste d'universalisme. En 2015, le musée de l'Homme la reprend à son compte mais il n'isole pas le genre humain de la planète sur laquelle il vit. En écho aux autres sites du Muséum national d'histoire naturelle, il invite à considérer l'être humain, avec la diversité de ses expressions culturelles, comme partie de cet ensemble fragile et précieux qui constitue la biosphère; il invite aussi à prendre conscience de nos responsabilités envers l'avenir de notre espèce, lié à celui de toutes les autres, car « l'homme n'est qu'un compagnon voyageur des autres espèces dans l'odyssée de l'évolution* ».

BRUNO DAVID
Président du Muséum national d'histoire naturelle

* Aldo Leopold, *Almanach d'un comté des sables*, 1949

Les origines du musée 1878-1945

UN DOUBLE HÉRITAGE

« Dans le musée d'anthropologie, l'homme est étudié en lui-même et comme créature. Dans le musée d'ethnographie, au contraire, c'est comme créateur qu'il est étudié. »

— Oscar De Watteville

Le musée de l'Homme est à la fois l'héritier du musée d'ethnographie du Trocadéro (MET), dont il reprend l'emplacement et une grande partie des collections, et de la chaire d'anthropologie du Muséum national, deux entités distinctes, mais liées par l'histoire des collections, et par leurs directeurs successifs.
Au Muséum national d'histoire naturelle, Armand de Quatrefages devient le premier titulaire de la chaire d'anthropologie en 1855. Il propose alors une conception synthétique de la science de l'Homme et associe à l'observation des caractères anatomiques l'étude des cultures passées et présentes et l'examen des langues.
Son successeur à la chaire d'anthropologie du Muséum, Ernest Théodore Hamy, est le principal artisan de la création du MET, dans la foulée de l'Exposition universelle de 1878. En 1880, il est nommé directeur du musée d'ethnographie du Trocadéro et envisage d'y rassembler toutes les collections ethnographiques appartenant à l'État. Le but alors est de conserver et de présenter la diversité des productions culturelles provenant tant des cultures régionales métropolitaines, que des peuples lointains. À cette époque, le musée rencontre la curiosité du public et les avant-gardes artistiques du début du siècle y trouvent les ferments de leur inspiration, mais il tombe rapidement en désuétude : « Quand je suis allé au Trocadéro, c'était dégoûtant. Le marché aux puces… », note Pablo Picasso.
Excédé par le manque de moyens accordés, Hamy démissionne en 1906 pour se consacrer à ses activités au Muséum.
En 1928, Paul Rivet devient titulaire de la chaire d'anthropologie qu'il rebaptise chaire d'ethnologie des hommes actuels et des hommes fossiles. Il obtient que le MET soit rattaché au Muséum national d'histoire naturelle. Peu auparavant, il a fondé avec le sociologue Marcel Mauss et le philosophe Lucien Lévy-Bruhl l'Institut d'ethnologie de l'université de Paris. L'Institut, à l'enseignement pluridisciplinaire, contribue à la professionnalisation de l'ethnographie, sous l'autorité de Marcel Mauss, et améliore la formation des administrateurs coloniaux. Rivet rêve de créer une institution pluridisciplinaire regroupant en un même lieu un enseignement universitaire, un musée, un laboratoire de recherche et un centre de documentation comportant une bibliothèque et une photothèque : c'est le « musée-laboratoire », dans le droit fil du Muséum. L'institution organise désormais ses propres collectes à travers des missions de « terrain ».
Parvenant à trouver les subventions qui avaient manqué à ses prédécesseurs, Rivet transforme le musée avec le créatif et dynamique Georges Henri Rivière qui remplace mannequins et reconstitutions par des objets témoins de la vie quotidienne des populations, et donne un nouveau souffle au Trocadéro.

Musée d'ethnographie
du Trocadéro, salle d'Océanie, 1930

Vue de la galerie de paléontologie
et d'anthropologie, bustes
de l'atelier de Charles Cordier
et, en vitrine, une série de crânes
et d'ossements humains, Muséum
national d'histoire naturelle, 1898

LE MUSÉE DE PAUL RIVET

« En créant ce titre, j'ai voulu indiquer que tout ce qui concernait l'être humain, sous ses multiples aspects, devait et pouvait trouver sa place dans les collections [...]. Il fallait rassembler en une vaste synthèse tous les résultats acquis par les spécialistes, les obliger ainsi à confronter leurs conclusions, à les contrôler et à les épauler l'une par l'autre. L'humanité est un tout indivisible, non seulement dans l'espace mais aussi dans le temps. » _ Paul Rivet

Le musée de l'Homme concrétise la volonté de Paul Rivet d'associer dans un seul établissement recherche pluridisciplinaire et éducation populaire. Envisagé dès le début des années 1930, ce projet se réalise avec le soutien du Front populaire, à l'occasion de l'Exposition internationale des arts et techniques de 1937. Les collections d'anthropologie, de paléontologie humaine et de préhistoire du Muséum ont rejoint le musée de l'Homme, tandis que celles d'ethnographie française gagnent le nouveau musée des Arts et Traditions populaires. Le musée de l'Homme, ouvert en juin 1938, est salué de manière unanime comme le « musée le plus moderne du monde ». Dans un contexte de montée de la xénophobie et du fascisme, il affirme l'unité de l'espèce humaine. Il présente dans ses galeries les origines de l'Homme, leur diversité morphologique, puis la diversité culturelle à travers les continents. Avec sa bibliothèque, le musée de l'Homme forme une vaste institution pluridisciplinaire où sont regroupées préhistoire, anthropologie physique et biologique et ethnologie, afin de présenter une vaste synthèse sur l'Homme. En quelques années, il devient un haut lieu de la recherche, qu'animent des scientifiques comme Claude Lévi-Strauss, André Schaeffner, Denise Paulme, Michel Leiris, André Leroi-Gourhan.

LE MUSÉE DE L'HOMME DANS LA GUERRE

Dans l'imminence de la guerre, le musée à peine ouvert, les collections les plus précieuses sont évacuées et mises à l'abri. Paul Rivet veille, avec un personnel réduit par la mobilisation, à ce que « toute l'activité soit maintenue, en dépit des circonstances » : « Dans ce Paris vide de l'occupation allemande, en 1940-1941, le musée de l'Homme était la seule porte ouverte sur le monde », se souviendra le cinéaste Jean Rouch. À l'été 1940, Boris Vildé et Anatole Lewitsky, tous deux ethnologues et immigrés russes, et Yvonne Oddon, la bibliothécaire du musée, constituent un des premiers groupes de résistance. Ils créent *Résistance*, journal clandestin dont paraîtront cinq numéros. De son côté, l'ethnologue Germaine Tillion met en place des filières d'évasion avec le colonel Huet. Opposant déclaré au maréchal Pétain, Paul Rivet doit s'exiler en Colombie dès 1941. Boris Vildé et Anatole Lewitsky sont arrêtés et fusillés au Mont-Valérien en février 1942, Yvonne Oddon puis Germaine Tillion sont déportées à Ravensbrück.

Paul Rivet (1876-1958)
Savant et politique, antifasciste, élu du Front populaire, il est le fondateur du musée de l'Homme. Il y réunit les collections se rapportant à l'histoire naturelle de l'Homme et à l'histoire culturelle des peuples, tout en ayant fédéré les institutions savantes étudiant l'Homme. Il en fait « le musée le plus moderne du monde », à la fois musée laboratoire et d'éducation populaire, où s'affirme que « l'humanité est un tout indivisible, non seulement dans l'espace mais aussi dans le temps ».

Georges Henri Rivière (1897-1985)
Audacieux, brillant, mobilisant un important réseau de relations mondaines et artistiques, ce musicien, ancien élève de l'école du Louvre, est recruté par Rivet dès 1928 pour rénover le musée d'ethnographie du Trocadéro. Il en désencombre les vitrines et repense entièrement sa présentation selon une scénographie innovante et pédagogique, où les objets sélectionnés sont accompagnés de photographies et de textes explicatifs. Les principes de cette présentation didactique et épurée seront repris pour le futur musée de l'Homme. Toutefois, Rivière quitte ce dernier en 1937 pour fonder le musée national des Arts et Traditions populaires.

Les métamorphoses du bâtiment

« C'est un empilement d'époques, un lieu stratifié par l'architecture. Il faut que rien ne change dans l'apparence de ce monument au cœur de Paris mais que tout change dans les usages possibles. » – Olivier Brochet

DU PALAIS DU TROCADÉRO AU PALAIS DE CHAILLOT

Inauguré en 1878, à l'occasion de l'Exposition universelle, le palais du Trocadéro de Gabriel Davioud (1823-1881) et l'ingénieur Jules Bourdais (1835-1915) est une construction polychrome de style hispano-mauresque. Dominées par deux minarets de 83 mètres, ses deux ailes courbes encadrent une vaste salle de spectacle en rotonde pouvant accueillir 4 800 personnes et s'achèvent par des pavillons. Le palais accueille alors le Muséum ethnographique des missions scientifiques. C'est le seul bâtiment de l'Exposition universelle de 1878 à perdurer et deux nouveaux musées y sont ouverts en 1882 : le musée d'ethnographie du Trocadéro et le musée de Sculpture comparée, premiers jalons des musées d'aujourd'hui. Le style et la fonctionnalité du palais sont rapidement décriés, aussi bien par la critique professionnelle que par le public. Pourtant, l'hypothèse de sa destruction totale envisagée au début des années 1930, dans le cadre des projets pour l'Exposition internationale de 1937, suscite un regain d'attachement au monument. En 1935, l'échéance de l'Exposition internationale des arts et techniques appliqués à la vie moderne approchant, il est finalement décidé d'opter pour un camouflage de l'ancien palais, plus conforme aux délais et au budget disponibles. Ce parti s'incarne finalement dans une architecture monumentale néoclassique conçue par Jacques Carlu (1890-1976), associé à Louis Boileau et Léon Azéma. « L'architecte lui retirera son ventre mais lui laissera ses ailes », indique Carlu au *Figaro* (1 mars 1935). La partie centrale est donc détruite pour laisser la place à un parvis sous lequel sont situés la grande salle et le foyer du théâtre, tandis que les ailes sont élargies. Sa surface passe alors de 17 000 à 41 000 mètres carrés. Le palais de Chaillot résulte donc de l'imbrication de deux édifices. De nombreuses grèves ayant perturbé le déroulement du chantier dans le contexte de la montée des fascismes en Europe et de l'arrivée du Front populaire au pouvoir, les travaux ne sont pas entièrement achevés lorsque s'ouvre l'Exposition internationale. Le musée de l'Homme est inauguré en juin 1938. Sa structure interne ne changera pas jusqu'à la rénovation de 2015, même si les présentations des galeries évoluent et sont profondément renouvelées, avec en particulier, au milieu des années 1970, la disparition de la « galerie des races fossiles et actuelles ».

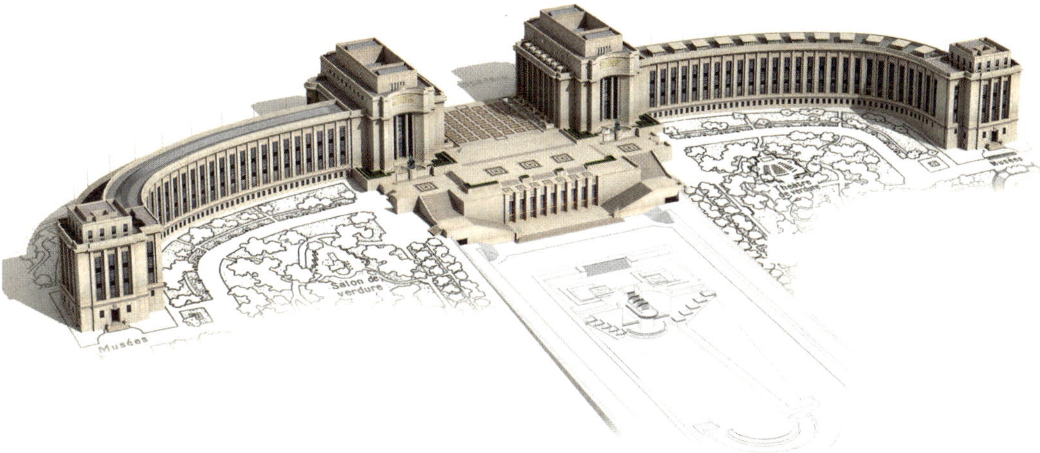

Vues 3D panoramiques des deux palais, celui du Trocadéro (1878) et, en-dessous, celui de Chaillot (1937)

LE NOUVEAU PROJET ARCHITECTURAL

Après le départ des collections d'ethnographie en 2003, un concours d'architecture pour la rénovation est lancé en 2006 et remporté par l'Agence Brochet-Lajus-Pueyo, associée à l'Atelier d'architecture Emmanuel Nebout.
Le projet architectural consiste, d'une part, à rénover la totalité des installations, des équipements techniques et de sécurité et, d'autre part, à réaménager l'espace pour accueillir un musée et ses salles d'exposition, des collections (plus de 700 000 objets), un centre de recherche et d'enseignement avec bureaux et plateaux techniques, une bibliothèque et des salles de cours pour les étudiants.
Le bâtiment, classé monument historique depuis 1980, devait être conservé à l'identique, tout en s'adaptant aux besoins du nouveau musée. « Notre intervention forte, ajoutée aux structures existantes, n'en est pas moins réversible. Le musée de l'Homme habitera l'aile Passy du palais de Chaillot telle qu'elle est », déclare Olivier Brochet. Si de l'extérieur, rien ne semble avoir changé, l'aménagement intérieur a été profondément transformé : des entresols ont permis de gagner de nouvelles surfaces (bureaux des équipes de recherche, salles d'enseignement, salle d'exposition temporaire) et une mezzanine relie les deux niveaux de la Galerie de l'Homme. Pour le musée, le projet repose sur des espaces ouverts, une circulation fluide, une ouverture sur l'extérieur qui baigne les espaces dans une lumière diffuse et naturelle tout en ménageant des points de vue sur la Seine, le Champ-de-Mars et la tour Eiffel. Dans le « pavillon de tête », un atrium de 16 mètres de hauteur crée un véritable puits de lumière grâce à l'éclairage zénithal offert par la verrière de 1878, ainsi remise en valeur. Il constitue le cœur du musée et dessert les salles d'expositions temporaires, le café Lucy et les différents espaces de médiation (auditorium Jean Rouch, centre de ressources Germaine Tillion).

LA SCÉNOGRAPHIE

L'agence Zen+dCo de Zette Cazalas a conçu la scénographie de la Galerie de l'Homme en prenant en compte les données topographiques des deux grandes nefs, leur linéarité, leur ouverture en façade sur la Seine et la douceur de leurs courbes. Positionnées le long du mur aveugle, de grandes vitrines murales, spectaculaires par leur taille et par le nombre d'objets présentés (jusqu'à une centaine), s'offrent à la contemplation comme des tableaux, esthétiquement séduisants et foisonnants d'informations. Des dispositifs offrant des expériences décalées comme l'envolée monumentale des bustes anthropologiques qui, telle une immense portée de musique, culmine à 11 mètres de haut ponctuent chaque section du parcours. À cela s'ajoutent 80 écrans, 14 pupitres avec cartels numériques, 60 dispositifs différents... (tables de jeux, dispositifs qui engagent le corps du visiteur, ateliers interactifs pour se mettre dans la peau d'un scientifique, installations audiovisuelles multi-écrans, dispositifs sonores, films documentaires), complétés par un parcours sensoriel. Tous ces supports muséographiques sont porteurs d'un contenu original, issu des travaux des chercheurs.

Vue du Balcon des sciences, musée de l'Homme, 2015

Le mur des langues, première partie de l'exposition permanente, musée de l'Homme, 2015. Ce dispositif permet d'entendre 30 langues différentes.

Chroniques d'une renaissance, exposition-installation

Pour la réouverture du musée de l'Homme, rénové après six années de travaux, les salles d'expositions temporaires accueillent l'exposition-installation « Chroniques d'une renaissance ». C'est l'occasion de dérouler l'histoire du musée de l'Homme, sa rénovation architecturale et le processus de conception scénographique de la Galerie de l'Homme, de dévoiler les réserves et de présenter les nouvelles orientations du musée de l'Homme en donnant la parole aux chercheurs qui ont présidé à sa rénovation. Les installations de Pascale Marthine Tayou, artiste invité de cette réouverture, entrent en résonance avec les thématiques abordées dans le parcours permanent sur la globalisation et l'hybridation des cultures. Elles jalonnent un parcours dans les espaces de l'exposition temporaire et dans les différents lieux d'accueil du musée.

DANS LES RÉSERVES : LES ARCHIVES DE L'HUMANITÉ

Pour raconter l'Homme et son évolution, le nouveau musée de l'Homme, site du Muséum national d'histoire naturelle, se devait de rendre visibles ses collections nationales de référence conservées au musée de l'Homme. Dans les réserves du musée sont entreposés plus de 736 000 objets et ensembles dont la Galerie de l'Homme ne présente qu'une sélection. Consultées, étudiées par des chercheurs du monde entier, ces collections contribuent à la connaissance de l'évolution humaine dans ses dimensions biologiques, culturelles et sociales. Elles ont commencé à être constituées pour le cabinet du Jardin du Roy, ancêtre du Muséum national d'histoire naturelle, et continuent de s'enrichir grâce à la diversité des terrains de recherche. Avec la collecte d'objets-témoins des usages d'éléments de l'environnement, de représentations de la nature et du corps humain, une nouvelle collection d'anthropologie culturelle est initiée. Afin de constituer les archives de demain, des exemples des savoir-faire et modes de vie du XXIe siècle sont collectés partout dans le monde, y compris en France. Une sélection d'objets intitulée « Les archives de l'Humanité » *(voir page suivante)* représente la diversité des collections conservées au musée de l'Homme, leur mode de conservation et d'entrée dans les collections en lien avec les recherches, en préhistoire et en anthropologie biologique et culturelle, au sein du Muséum.

Vues de l'exposition-installation conçue pour la réouverture du musée de l'Homme, 2015

Les archives de l'humanité

Main momifiée
dite « la main verte de Merry-sur-Yonne »
France, période gallo-romaine
(trouvée en 1650)

La main verte, découverte en 1650 à Merry-sur-Yonne, est un des rares objets qui subsistent du cabinet du jardin du Roy, l'ancêtre du Muséum avant la Révolution. Pour les naturalistes Daubenton en 1766 et Buffon en 1786, les os de cette main s'étaient transformés en turquoise. Sa conservation ayant paru surnaturelle, elle a fait l'objet d'une tentative d'authentification de miracle. Aujourd'hui, on pense qu'elle provient d'une sépulture gallo-romaine où une pièce de monnaie était mise dans la main du défunt. Le vert-de-gris a contribué à la conservation des parties molles, tout en les colorant en vert.

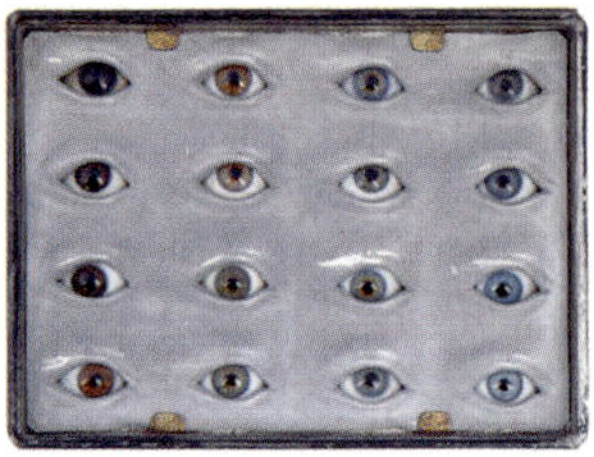

Nuancier
France, XIXe siècle

La couleur des yeux, comme celles des cheveux et de la peau, dépend d'un pigment, la mélanine, dont la quantité résulte d'une adaptation au rayonnement solaire et au climat. Pour établir leurs caractéristiques et leur répartition géographique, on utilisait au XIXe siècle des yeux de verre sertis dans une plaque de métal comme ceux qui sont présentés dans ce nuancier. Ce dispositif est encore utile, bien que l'on préfère aujourd'hui, pour étudier plus finement les adaptations à l'environnement, déterminer les gènes qui gouvernent cette pigmentation.

Les buveurs à la paille
Papier cartonné, gouache, aquarelle
Tassili n'Ajjer, Algérie
Bovidien final

L'ensemble des vestiges et des très nombreuses peintures et gravures rupestres de la Tassili n'Ajjer, au sud-est de l'Algérie, a été classé au Patrimoine mondial de l'Unesco. Ces vestiges témoignent de la culture des populations qui se sont succédé depuis le néolithique saharien jusqu'au début de notre ère. Ce relevé fait partie d'un ensemble établi entre 1956 et 1970 par le préhistorien français Henri Lhote suivant les méthodes de l'époque : un calque apposé directement sur la paroi, rapporté sur papier puis peint à la gouache.

Statuettes vaudoues
Bénin, XXe siècle

Ces statuettes sont utilisées dans le culte vaudou au Bénin. Mis à part leur fonction cultuelle, elles témoignent des techniques corporelles en cours et, plus particulièrement, de la manière dont les femmes allaitent : comment elles sont assises et comment elles tiennent l'enfant, quel sein elles lui donnent... Les objets de collection peuvent devenir les supports d'une étude élargie, portant non seulement sur leur fonction première mais aussi sur les représentations de l'Homme et de la nature, sur les techniques de fabrication et sur les matières utilisées.

Rhyton
Phrygie (ancien pays d'Asie Mineure)
VIe-Ve siècles avant notre ère

Un rhyton est un vase en terre cuite en forme de tête de bovidé, doté d'une seule anse, et présentant une ouverture de fond par laquelle s'écoulent les liquides, tels que le vin. Celui-ci présente la particularité d'être composé d'un assemblage de tessons provenant de plusieurs vases différents. De même, certains décors peints ont été réalisés au moment de la découverte et de la restauration de la pièce. Cet assemblage a été mis en évidence lors de la restauration au début du XXe siècle.

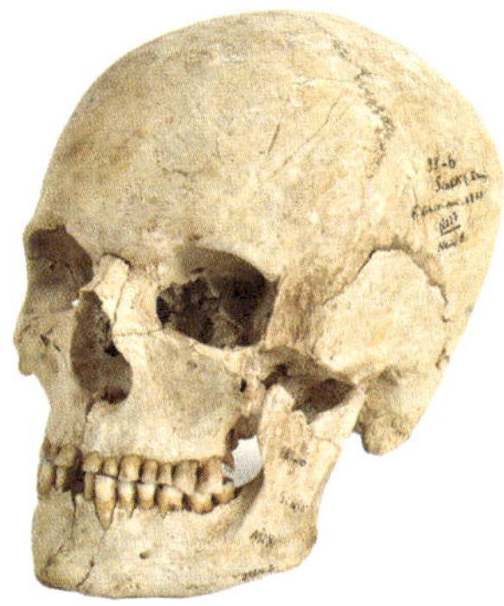

Crâne de Sialk
Iran, X^{e}-IXe siècles avant notre ère

Les fouilles du site de Sialk, en Iran, ont été menées dès 1933. Trente-neuf crânes vieux de 3000 ans ont été mis au jour. Ils font actuellement l'objet d'un programme d'étude pour comprendre les mouvements migratoires, les régimes alimentaires et l'état de santé des populations préhistoriques du Moyen-Orient par la génétique, la bio-géochimie et la morphométrie. Un même objet peut être le support de recherches pour plusieurs disciplines. Pour ces études, certains des prélèvements sont effectués selon un protocole favorisant la conservation maximale des restes osseux.

Amulettes
Sénégal, XXe siècle

Les amulettes étaient destinées à prémunir ceux qui les portaient contre la maladie, les agressions physiques ou mystiques, et la malchance. Elles sont très usuelles, ce qui explique qu'elles aboutissent en grand nombre à la décharge à ordures de Dakar. Collectées depuis 1985, certaines ont été ouvertes pour en analyser le contenu et tenter de découvrir les principes du pouvoir qui leur est conféré. L'ensemble permet d'appréhender la variété des pliages et des gainages de manuscrits talismaniques islamiques. Les matières naturelles (minérales, marines, végétales, animales) deviennent des amulettes une fois combinées à d'autres matières et objets.

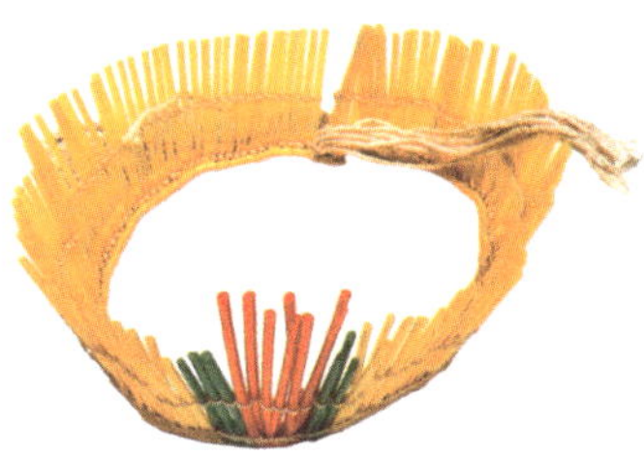

Coiffe kayapo
Brésil, XXe siècle

Cette coiffe kayapo (ou *mebêngôkre*, selon leur propre dénomination) a été fabriquée en pailles à boire, le stock de plumes ayant brûlé lors d'un incendie. Mais une coiffe en pailles à boire est-elle une authentique coiffe d'Indien ? Oui, car ce qui importe, c'est la disposition des couleurs, le nombre de rangées, le moyen de ligature et les rôles tenus par les personnes habilitées à porter la coiffe pendant les rituels. Cet objet illustre un des axes de recherche du Muséum : comprendre la manière dont les objets évoluent avec la mondialisation, tout en restant porteurs d'une culture particulière.

Le musée de l’Homme aujourd’hui

Le musée de l’Homme réunit sur son site un musée, avec son exposition permanente – la Galerie de l’Homme – et ses espaces d’expositions temporaires se déroulant sur un rythme annuel, ainsi que des laboratoires où œuvrent des équipes de recherche, avec des plateaux techniques hautement spécialisés, des collections abritées dans des réserves et des salles d’enseignement. C’est un lieu de diffusion de la culture scientifique, de partage entre la communauté scientifique et le public, autour des questions émergeant sur l’Homme, dans son unicité fondamentale et la diversité de ses sociétés, son évolution, ses rapports à la nature. Pour s’informer, débattre, échanger, plusieurs équipements sont à la disposition du public.

Le Balcon des sciences

Comment rendre accessible aux visiteurs l’important travail de recherche, de collecte mené par les chercheurs du musée de l’Homme ? C’est ce que propose le Balcon des sciences en utilisant les ressources du multimédia pour faire découvrir les coulisses du musée-laboratoire : la démarche des chercheurs, leurs domaines et leurs méthodes de travail dans les laboratoires, leurs terrains de recherche dans le monde, leurs collectes. Le balcon est organisé en deux grands espaces présentés symétriquement, l’un plus permanent consacré à la présentation du « musée-laboratoire » et l’autre consacré à l’actualité « Sciences en marche ».
Le « musée-laboratoire », principe fondateur du Muséum national d’histoire naturelle a été repris et formalisé par Paul Rivet et Georges-Henri Rivière en 1937. Le Balcon des sciences évoque les différentes missions d’une telle institution et en particulier comment la diversité des disciplines présentes, des sciences naturelles aux sciences humaines et sociales, enrichit la recherche sur l’Homme, ses sociétés et leur évolution. Les différents modules de l’espace nous éclairent sur ces notions : ainsi, par exemple, un film d’animation « crânes de chercheurs » raconte de manière humoristique l’histoire d’un objet depuis le questionnement scientifique qui amène à sa découverte jusqu’à son exposition dans la galerie en passant par l’organisation de la fouille, la collectes et les analyses en plateaux techniques des objets, l’interprétation par les chercheurs et la communication scientifique.
Dans l’espace « Sciences en marche », l’actualité est illustrée par une vitrine appelée « Coup d’œil sur... » dans laquelle est présenté un objet, par un multimédia régulièrement mis à jour qui dévoile les brèves de sciences et par un dossier thématique renouvelé tous les 3 ou 4 mois, présentant une recherche actuelle, un projet de coopération, une thématique transversale. Cette section permet aux scientifiques de présenter leurs résultats récents et peut faire écho à la programmation culturelle (colloques, journées scientifiques) [ill. p. 13].

La bibliothèque Yvonne Oddon

Bibliothèque spécialisée du Muséum national d'histoire naturelle, elle réunit un fonds documentaire important en préhistoire, discipline dans laquelle elle fait figure de référence au plan national, en anthropologie biologique, écologie humaine et ethnobiologie : 30 000 ouvrages – 750 titres de revues dont 130 actuelles – l'accès à 11 000 revues électroniques et 150 bases de données – 10 000 volumes en accès libre.
Au service des chercheurs, des étudiants, des gestionnaires des collections, ou encore des concepteurs d'expositions, elle peut également accueillir toutes les personnes justifiant d'un intérêt pour les domaines concernés.
Yvonne Oddon (1902-1982), sa fondatrice à qui elle doit son nom, fut une des pionnières de la transformation des bibliothèques françaises et une figure de la Résistance.

Le centre de ressources Germaine Tillion

Espace de consultation et de médiation axé sur l'image et le multimédia, c'est un lieu convivial équipé et conçu pour permettre une multiplicité d'approches et d'usages : de la visite en famille au travail de recherche individuel en passant par la participation à des ateliers de médiation, des présentations d'ouvrages ou des débats. On peut y consulter des documents audiovisuels de production interne (films ethnographiques issus des travaux de terrain des chercheurs, documents illustrant le travail en laboratoire), des documents de production externe issus d'organismes partenaires (INRAP, CNRS, etc.).

L'auditorium Jean Rouch

Cet espace propose au public un contact direct avec les chercheurs à l'occasion de rencontres, de conférences et de débats. Plus spécialement destinés à la communauté scientifique, colloques et journées d'études scientifiques initiées par les départements de recherche s'y tiennent. Des projections de films, documentaires ou fictions, y sont également programmées. Citons en particulier le festival international Jean Rouch, rendez-vous annuel dédié au documentaire mondial sur les sociétés humaines à travers leurs réalités sociales et culturelles, et leurs relations à l'environnement.
Il offre, comme le disait Jean Rouch, son fondateur « des fenêtres ouvertes sur un monde non pas figé mais animé par la magie du cinéma. »

La Galerie de l'Homme, parcours permanent

Comprendre l'humain et la place qu'il occupe dans le vivant à travers ce qu'il a été, mais aussi imaginer ce qu'il deviendra en analysant la nature complexe de son être et le contexte dans lequel il se déploie aujourd'hui, tels sont les contenus que développe la Galerie de l'Homme à travers diverses approches et suivant un parcours qui s'articule autour de trois questions :

QUI SOMMES-NOUS ?

La première partie invite à s'interroger sur la singularité de l'espèce humaine mais aussi sur sa diversité, en explorant quelques critères généralement admis pour définir l'Homme : le corps, la pensée, le langage et le vivre ensemble.

D'OÙ VENONS-NOUS ?

Jusqu'où faut-il remonter pour trouver le premier humain ? Pour y répondre, la deuxième partie du parcours aborde le temps long de notre histoire évolutive, pour nous mener jusqu'au néolithique, période de grand changement à l'origine de notre monde contemporain.

OÙ ALLONS-NOUS ?

Ancrée dans le contemporain, cette partie dresse un état des lieux des transformations de l'Homme et de la planète depuis 10 000 ans. Elle questionne l'avenir de la diversité des sociétés dans un monde globalisé, leur capacité à résoudre les problématiques d'un monde de plus en plus anthropisé et nos marges d'adaptation en tant qu'espèce *Homo sapiens* à nous adapter à ce nouveau monde. Le propos, nourri des expertises des scientifiques du Muséum et d'autres institutions est porté par les objets et documents remarquables issus des collections et assortis de nombreux dispositifs multimédia.

QUI SOMMES-NOUS ?

« Homme : … assez de fer pour fabriquer un clou de grosseur moyenne et du sucre pour sucrer une tasse de café. Le phosphore donnerait 2200 allumettes. Le magnésium fournirait de quoi prendre une photographie. […] Ces différentes matières premières, évaluées aux cours actuels, représentent environ une somme de 25 francs. » _ Georges Bataille

Définir l'Homme : question surréaliste, tâche impossible ou défi scientifique ? En s'attaquant dès la première partie de l'exposition à son sujet – l'être humain – pris dans l'ici et le maintenant, la Galerie de l'Homme invite chaque visiteur à un voyage poétique et didactique à la rencontre de lui-même.
Mais par où commencer ?
Par une certitude, inscrite au cœur de ce musée-laboratoire : l'Homme est celui qui a à se connaître. La diversité des champs scientifiques convoqués est à l'image de ceux que nous sommes : multiple.
C'est, par ricochet, à une exploration qui mêle les approches scientifique, philosophique et artistique, que nous convions les visiteurs à saisir ce que c'est qu'être « humain ».
Sommes-nous des êtres de chair, de pensée, de liens, de parole ?
Le parcours est construit comme une interrogation de critères possibles

pour définir l'Homme. Chaque entrée offre différents regards mobilisables sur ces questions, en convoquant pêle-mêle l'histoire évolutive, l'histoire des sociétés humaines, l'histoire des sciences.
S'appuyant sur la diversité et la richesse des collections – des cires anatomiques aux masques de carnaval, des œuvres d'art aux collectes sur le terrain… –, le tout esquisse un portrait en mosaïque de l'humanité actuelle en croisant trois approches indissociables : phylogénétique, culturelle et individuelle.
Où l'on découvre que notre corps est autant façonné par notre environnement culturel que par l'évolution biologique. Que notre imagination et nos capacités de création sont sans limites. Que les liens qui nous attachent aux autres sont essentiels à notre survie. Que nous sommes des êtres de récits. Et que, si nous appartenons tous à la grande famille humaine, chacun de nous est différent

par son apparence, son mode de vie, ses croyances, son histoire personnelle… Si l'Homme est un sujet inépuisable, l'espace, lui, est contraint. La traduction scénographique des contenus propose un regard kaléidoscope, structure l'espace en fractales : chaque dispositif est une particule qui fait partie d'un tout. Les grandes vitrines murales se regardent comme des tableaux, cherchant à susciter des émotions tant esthétiques qu'épistémiques – à rendre sensible ce qui a du sens. Les vitrines-alcôves sont des écrins où le rapport à l'objet se fait intime. Les chemins de traverse dans l'histoire des idées ponctuent la déambulation, alors que les dispositifs ludiques privilégient l'interaction et le partage, dans ce musée résolument humaniste.

Un être de chair ?

« L'Homme porte encore dans la structure de son corps le sceau indélébile de son humble origine. » _ Charles Darwin

Sans cesse représenté au cours de l'histoire humaine, objet d'étude et de fascination, notre corps est une machine complexe dont savants et artistes tentent de percer les secrets. Organisme vivant parmi d'autres, mais pas tout à fait comme les autres, notre corps est issu d'une longue histoire évolutive. Chacun de nos organes en conserve la trace. Au cours de ces millions d'années, nous avons hérité d'un patrimoine génétique qui fait de tous les êtres humains actuels des *Homo sapiens*. Et à la différence des autres espèces avec lesquelles nous partageons des gènes et des traits anatomiques, l'Homme est un acteur qui transforme cet héritage biologique. Partout, le corps humain est façonné par les cultures et les individus.

TOUS PARENTS,
TOUS DIFFÉRENTS !

Tous les êtres humains appartiennent à la même espèce : nous sommes tous interféconds. L'ADN ne diffère que de 0,1 % d'un individu à l'autre. Nos différences physiques, parfois très visibles, s'ancrent en fait dans une toute petite partie de notre patrimoine génétique. Elles résultent de l'adaptation physiologique progressive de notre espèce à des milieux variés et contrastés, depuis notre naissance en Afrique il y a environ 200 000 ans jusqu'à nos jours. Les facteurs socio-culturels influencent également l'évolution biologique de l'espèce et la variabilité génétique des populations humaines. Cette importance des aspects culturels dans la diversité génétique des êtres humains est une spécificité de notre espèce.

NAÎTRE HUMAIN :
QUI FABRIQUE LES ENFANTS ?

« Il faut toujours plus qu'un homme et une femme pour faire un enfant. » _ Maurice Godelier

Aussi étonnant que cela puisse paraître, la conception d'un petit d'Homme est autant culturelle que biologique. Nous sommes bien sûr issus de la reproduction sexuée, mais aussi du contexte familial, religieux ou culturel dans lequel nous sommes nés. Toutes les sociétés humaines, sans exception, ont conscience du lien entre sexualité et reproduction. Mais la procréation comporte aussi une part symbolique. Pour transformer un fœtus en enfant, une intervention extérieure est parfois nécessaire. Il peut s'agir d'esprits, d'ancêtres ou de divinités.

***Amwalindembo*, masque ventral d'initiation**
Bois
Culture makondé, Afrique
Début du XXe siècle
Dépôt Michel Dray

Ce masque fait partie d'un costume porté par un jeune homme pendant les rituels d'initiation qui marquent le passage à l'âge adulte chez les Makondé, en Tanzanie. La mise en valeur du corps d'une femme enceinte symbolise la fécondité. Durant la cérémonie, les danseurs appellent les esprits d'ancêtres pour qu'ils veillent à la naissance des futurs descendants. Une façon d'assurer la fertilité des individus et la prospérité de la communauté tout entière.

***Nggwal*, esprit d'ancêtre masculin**
Bois et fibres végétales
Culture yangoru boiken, Océanie
Première moitié du xxe siècle
Dépôt Michel Dray

Pour certains peuples d'Océanie, les enfants portent dès leur conception l'empreinte des deux sexes. L'élément féminin, le sang, forme la chair. L'élément masculin, le sperme, forme le squelette. À l'image du squelette entouré de chair, le corps des garçons est enfermé dans une enveloppe féminine. Pour pouvoir à leur tour assurer leur descendance, ils doivent en être libérés. Ce rôle est attribué aux esprits d'ancêtres, parés d'attributs virils, qui les accompagnent dans les rites d'initiation à la puberté.

Ex-voto de fécondité
Métal, cuivre ou argent
Europe, xxe siècle

Pour les chrétiens, l'union sexuelle entre un homme et une femme fabrique un fœtus, auquel Dieu donne une âme. L'enfant naît entaché de la faute originelle d'Adam et Ève. Celle-ci doit être lavée par le baptême, qui marque son entrée dans la communauté chrétienne. Exempte de toute trace de ce péché, la Vierge Marie fait l'objet en Occident d'un culte de la fécondité. En témoigne la profusion d'objets d'offrande, ou ex-voto, dans des lieux de pèlerinage comme l'église Santa Maria Francesca, à Naples.

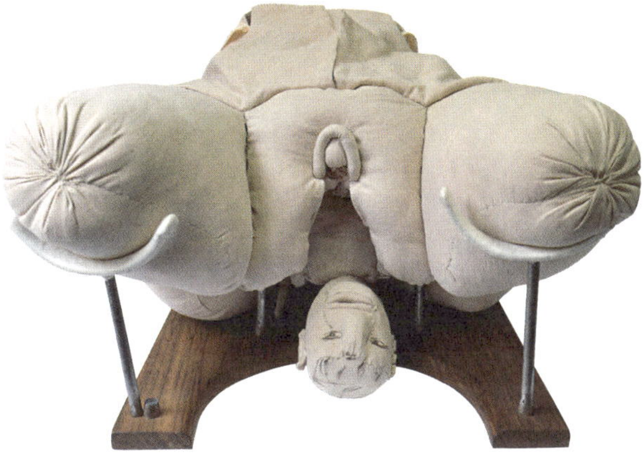

Vierge en prière sur un buisson de roses
Plâtre polychrome doré
France, XXe siècle
Dépôt MuCEM, Marseille

Des sociétés humaines admettent que, dans certaines circonstances, des femmes puissent être fécondées par des êtres surnaturels et donner ainsi naissance à des enfants sans avoir eu de contact avec un sexe d'homme. Dans la théologie chrétienne, la naissance de Jésus sans l'intervention d'un rapport charnel est un des signes de sa nature divine. Ce dogme a positionné Marie comme vierge et mère de Dieu.

***Guanyin* à l'enfant**
Pierre dure
Chine du Sud
Début du XXe siècle

Guanyin est une divinité qui renonça à accéder au rang de bouddha pour dispenser son enseignement aux humains. Ses représentations sont multiples. En Chine, elle fait l'objet d'une grande ferveur populaire sous la forme de *Songzi Guanyin*, la « donneuse d'enfants ». Le sceptre qu'elle tient dans la main gauche en témoigne. Il s'agit d'un symbole de pouvoir de type *ruyi*, qui signifie « selon vos souhaits ». Cette formule renvoie aux prières qui lui sont adressées pour favoriser la fécondité.

Mannequin pédagogique d'accouchement de Mme du Coudray (1714-1789)
Fac-similé de l'original exposé au musée Flaubert de Rouen
France, XVIIIe siècle

En Europe, la naissance commence à se médicaliser au XVIIIe siècle, période des Lumières. De nos jours, les avancées de la procréation médicalement assistée bouleversent nos représentations de la conception : il est désormais possible d'engendrer un enfant en dehors d'un rapport sexuel. Pour autant, le recours à des figures protectrices invoquées pour assurer la fertilité n'a pas disparu. Individuelles, familiales ou religieuses, elles coexistent avec les avancées des techniques de fécondation.

À LA RECHERCHE D'UN « PROPRE » DE L'HOMME ?

Qu'est-ce qui différencie l'Homme des autres espèces animales ? Au fil des siècles, philosophes, naturalistes et anthropologues ont avancé plusieurs réponses à cette question fondamentale. Dans cette quête, la bipédie a remporté la palme ! En Occident, on a longtemps considéré le fait de se tenir debout sur deux jambes comme « le » critère décisif de notre supériorité sur les autres animaux. La bipédie est alors presque devenue synonyme de la condition humaine, symbolisant l'union avec le domaine des dieux et l'abandon de la condition animale… Dès le IVe siècle avant notre ère, Platon décrivait dans *Le Politique* l'Homme comme une créature nue marchant sur deux jambes. En réponse à cette définition, son contemporain Diogène le cynique se promena dans la ville en tenant à la main un coq déplumé, en déclarant : « Voici l'Homme de Platon ! » Cette anecdote rappelle que la volonté de définir l'être humain puise son origine dans la Grèce antique. Elle démontre aussi combien il est impossible de définir l'Homme sur un seul et unique critère…

MORCEAUX CHOISIS : FABRIQUE MORPHOLOGIQUE DU CORPS

Trente-deux dents et pas une de plus, des ongles plats et non des griffes, un coccyx et pas de queue… Nous sommes faits de chair et d'os. Mais existe-t-il un trait anatomique spécifique à l'Homme ? Nous partageons beaucoup plus de caractères morphologiques que nous ne le pensons avec les primates et la plupart des autres mammifères. Car le corps humain n'est pas apparu tel quel un beau jour ! Nous sommes le fruit d'une longue histoire évolutive qui nous a peu à peu différenciés d'autres espèces, sans effacer en nous les traces de cette filiation. Parmi ces morceaux choisis, les oreilles – qui comportent le plus petit os du corps humain, l'étrier –, la jambe – où l'on trouve le fémur, l'os le plus long –, la main – avec le pouce opposable aux autres doigts –, et bien d'autres encore…

Écorché
Jean-François Houdon, 1767
(fac-similé)

Jeune coq
Bronze
François Pompon
Première moitié du XXe siècle

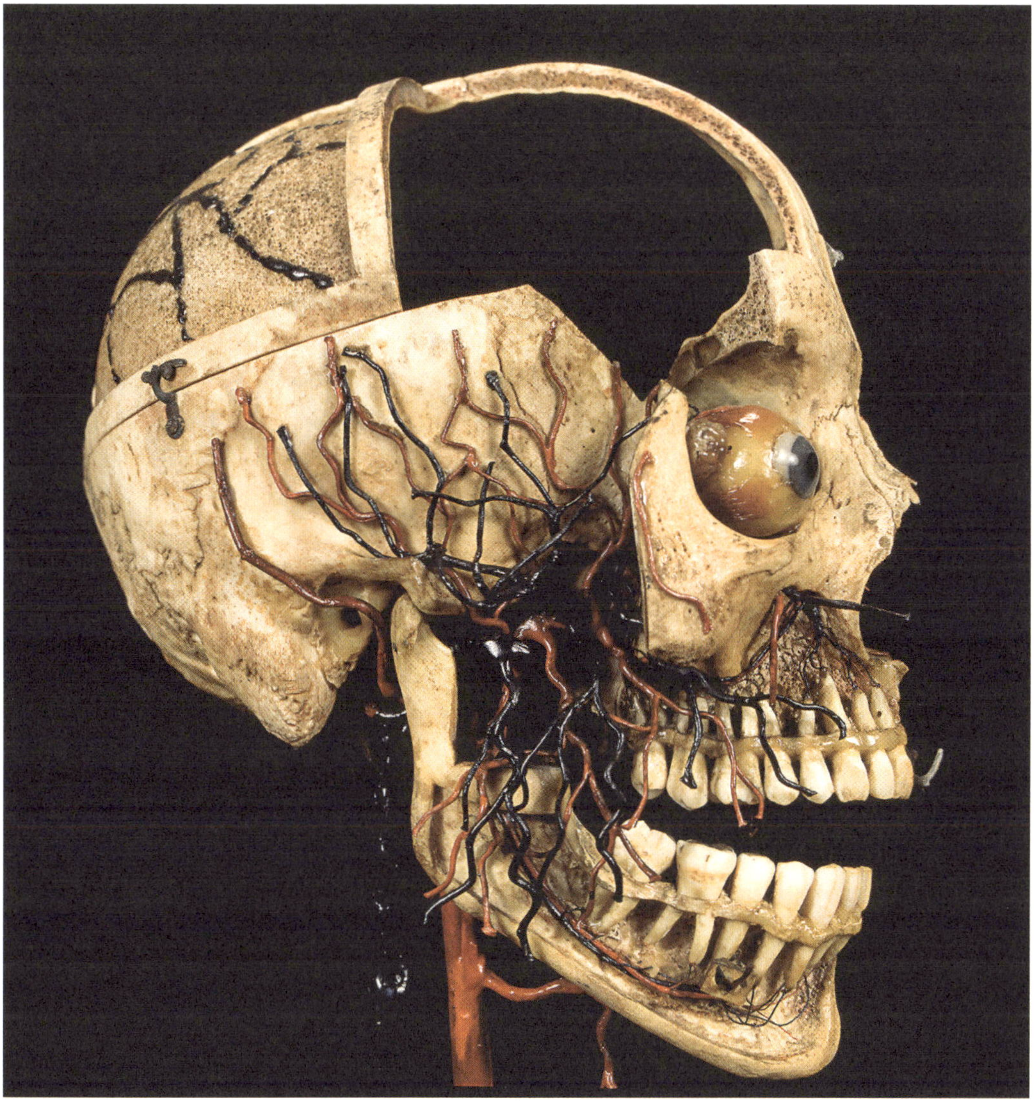

Hémi-crâne
Cire colorée, crâne et dentition naturels
France, XIXe siècle

Nos deux yeux nous permettent de voir en relief : notre vision est stéréoscopique. Comme celle des autres primates, elle s'est développée pour repérer proies et prédateurs, et a changé depuis que nous pratiquons l'élevage et l'agriculture : plus besoin de chercher les aliments, ils sont sous nos yeux ! Les paupières, qui entretiennent l'humidité permanente de l'œil, sont la peau la plus fine de l'organisme. L'espèce humaine est d'ailleurs celle qui produit le plus de larmes.

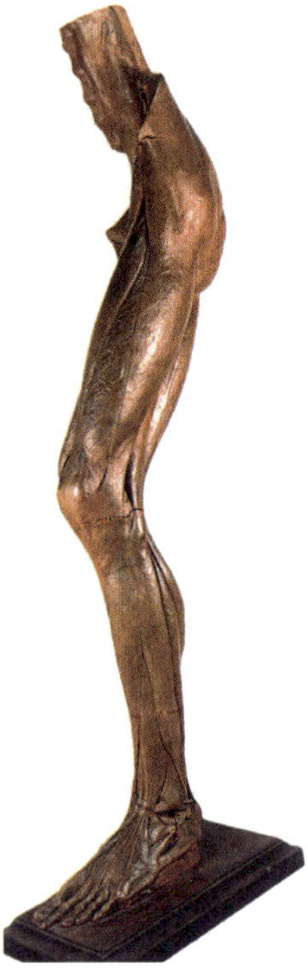

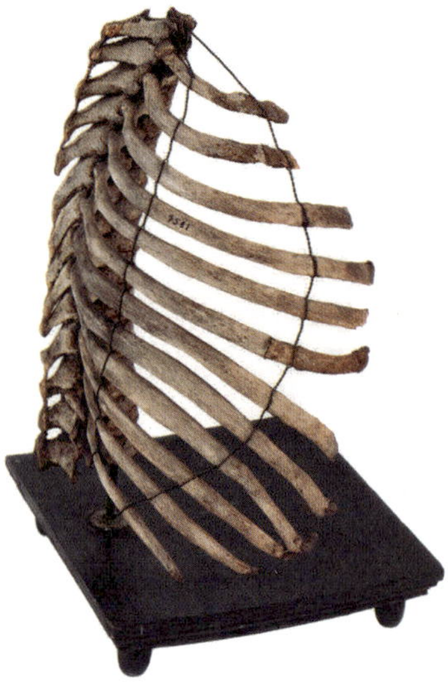

Myologie de la jambe
Cire colorée
France, XVIIIe siècle

Chez tous les primates, les membres postérieurs sont très puissants. Dans notre espèce, ils représentent un sixième du poids du corps. Le fémur est d'ailleurs l'os le plus long et le plus lourd de notre squelette. L'Homme est le seul primate exclusivement bipède, et le seul à pouvoir marcher et courir sur de longues distances. Ce mode de locomotion a entraîné un développement significatif des muscles fessiers, ce qui fit dire à Buffon que « les fesses n'appartiennent qu'à l'espèce humaine ».

Dentition définitive
Préparation anatomique
France, XIXe siècle

Les premiers mammifères, il y a 150 millions d'années, avaient 52 dents. Au cours de leur évolution, vers 32 millions d'années avant notre ère, ce chiffre s'est abaissé à 32. Il est depuis resté stable dans la lignée menant à l'Homme, bien que les mâchoires aient rétréci. L'éruption de nos dents marque les étapes de notre développement corporel. La première dent définitive sort à 6 ans, la deuxième molaire annonce la puberté vers 12 ans, et les dents de sagesse signent la fin de la croissance.

Cage thoracique d'adulte
Préparation anatomique
France, XIXe siècle

Le thorax, partie centrale du corps humain, protège certains de nos organes vitaux, comme le cœur ou les poumons. Les 12 côtes articulées sur les vertèbres thoraciques illustrent bien l'organisation primitive du corps humain en segments successifs appelés « somites ». Nous partageons ce schéma corporel avec des espèces qui semblent très éloignées de nous anatomiquement, comme le serpent ou même la guêpe.

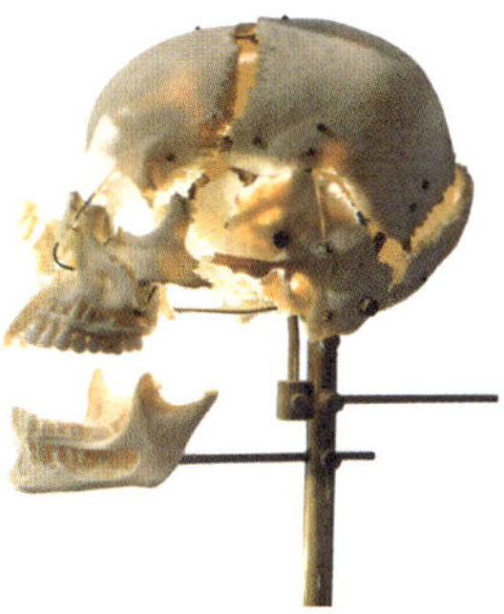

Crâne
Montage dit « à la Beauchêne »
France, XXe siècle

Le crâne se compose de la boîte crânienne – 8 os d'une extrême résistance – et des os de la face – dont la mâchoire inférieure ou « mandibule ». Les articulations entre les os du sommet du crâne se soudent tardivement, ce qui permet à notre cerveau de se développer pendant des années après la naissance. Le volume de notre crâne est de 1 200 à 1 500 cm^3. Il est beaucoup plus grand que celui des orangs-outans et des chimpanzés, qui est de 275 à 500 cm^3, ou des gorilles, qui atteint 340 à 750 cm^3.

Artères du pied
Préparation anatomique
France, XIXe siècle

À la différence de celui des autres primates, notre gros orteil n'est pas opposable aux autres doigts. Mais il est indispensable à la marche car, en appui sur lui, nous pouvons dérouler le pied après l'attaque par le talon. La voûte plantaire, apparue il y a 1,8 millions d'années, est spécifique à notre espèce.
Léonard de Vinci la qualifiait de « modèle d'ingénierie » car tout le poids de notre corps peut reposer sur elle.

Myologie de la main
Cire colorée
France, XVIIIe siècle

En 60 millions d'années, la main a peu à peu perdu ses fonctions de locomotion au profit de la manipulation, sans changer radicalement de forme. Depuis 47 millions d'années, chez tous les primates, le pouce, doigt le plus épais et le plus fort, est opposable aux autres doigts. La paume humaine, plus large, permet de saisir de gros objets. La main est hautement symbolique dans de nombreuses cultures. Elle incarne la création artistique comme la capacité de l'Homme à transformer son environnement.

Le corps humain entre nature et culture
Si nous partageons de nombreux traits anatomiques et comportementaux avec d'autres espèces, le fait de marquer, modifier ou orner notre corps nous est singulier : cette pratique universelle s'exprime différemment selon les cultures et les époques.

LE CORPS HUMAIN ENTRE NATURE ET CULTURE

Fruit du hasard et de l'évolution, notre espèce est une branche du vivant parmi des millions d'autres. Bactéries, plantes, animaux, champignons, Hommes... tous les êtres vivants ont un ancêtre commun, dont l'origine remonterait à 3,5 milliards d'années. Cela explique que nous partagions notre ADN avec l'ensemble des autres espèces : plus de 30 % avec les plantes, 70 % avec les coraux, et jusqu'à 99 % avec certains grands singes. Notre corps est aussi le fruit de l'histoire culturelle des sociétés humaines. Ces deux histoires s'entremêlent. Car l'Homme est un acteur qui transforme son héritage biologique : notre apparence est ainsi tout autant façonnée par nos modes de vie, notre environnement familial ou social et nos désirs personnels.

Un corps inscrit dans le vivant

Les êtres vivants perpétuent leur espèce de multiples façons. Comme celle de la plupart des plantes et des animaux, notre reproduction est sexuée : nous sommes issus de la rencontre entre deux cellules reproductrices. Ce brassage des gènes est créateur de diversité entre les individus. Certaines espèces, comme les abeilles, se reproduisent avec un seul gamète : c'est la parthénogenèse. Pour d'autres organismes, marins notamment, le sexe n'est pas nécessaire : ils se reproduisent par d'autres mécanismes comme le clonage. Mais avant, il faut séduire... Couleurs du plumage, tailles, parades : selon les espèces, il peut exister de grandes différences d'apparence ou de comportement entre les individus mâles et femelles. Chez nous, en regard d'autres espèces, les femmes et les hommes sont très semblables morphologiquement – hormis bien sûr les organes sexuels. La construction des identités féminine ou masculine passe par le corps. Les sociétés cherchent à rendre visible le sexe des individus dès l'enfance en les différenciant par leur apparence extérieure (vêtements, coiffures...) ou par le façonnage de certaines parties de leur anatomie. Cette distinction relève de la culture et non de la nature : c'est le genre.

Un corps investi par les cultures

À la fois intime et personnel, notre corps reflète la construction de notre identité, faite d'empreintes qui signent notre appartenance – souhaitée ou imposée – à un genre, un groupe ou une société donnés. Car le corps humain n'est jamais nu : dans toutes les sociétés, il se trouve modifié ou orné de multiples manières. Les déformations intentionnelles sont parfois très impressionnantes, comme les crânes bilobés ou les pieds dits « de lotus ». La diversité des pratiques exprime la quête de singularité et l'unité de chaque groupe. Tatouages, maquillages, scarifications, implants ou bijoux, les signes qui marquent le corps peuvent lui être ajoutés, mais aussi ôtés, comme la circoncision ou même l'épilation. Dans de nombreuses régions du monde, les marqueurs corporels témoignent également d'un lien avec le monde du sacré. À l'inverse, les religions monothéistes bannissent les altérations du corps, considéré comme la création de Dieu. Initiative personnelle ou décidée par la communauté, les interventions sur le corps sont autant d'indices qui expriment un statut social et livrent des informations sur celui ou celle qui les porte. Elles revêtent pourtant des sens différents selon les contextes : signes de l'appartenance de l'individu au groupe dans des sociétés à forte cohésion, elles symbolisent, à l'inverse, la revendication d'une identité propre dans des sociétés où chacun se veut l'auteur de sa biographie personnelle.

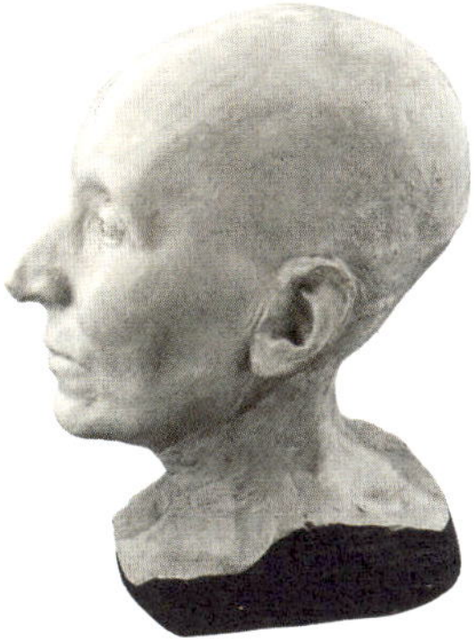

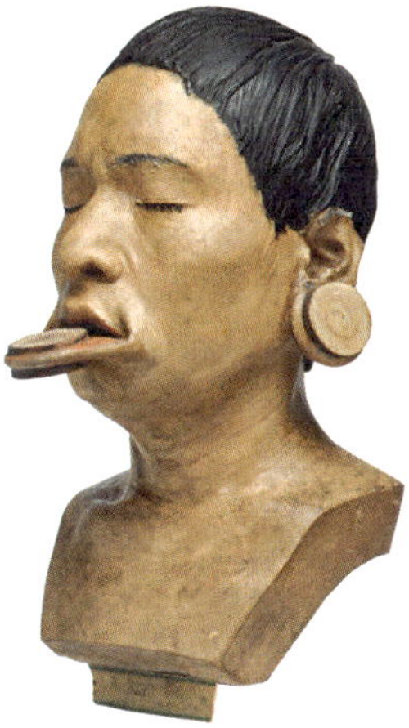

CORPS DÉFORMÉ

Paire de chaussures dite « de lotus » pour femme aux pieds bandés
Chine, XIXe siècle

Buste de la mathématicienne Sophie Germain (1776-1831)
Déformation crânienne dite « toulousaine »
France, milieu du XIXe siècle

La déformation du crâne est une pratique attestée en France jusqu'au milieu du XIXe siècle, vraisemblablement pour des motifs esthétiques. Elle était obtenue par le port prolongé, depuis l'enfance, de serre-têtes et de bandeaux. Filles et garçons étaient concernés mais elle était davantage prononcée chez les filles.

CORPS MARQUÉ

Buste de *Ngapaki Puni*
Plâtre moulé sur le vivant
Population maorie
Nouvelle-Zélande, vers 1880

Chez les Maoris, la tête est le siège du *mana*, la force sacrée. Elle fait l'objet de soins particuliers : les motifs qui ornent le visage sont réalisés à partir de pigments insérés par piqûre sous la peau. Ils marquent l'appartenance de l'individu au groupe et témoignent, par leur nombre et leur profondeur, de son courage.

CORPS PARÉ

Pochoir pour henné
Tassili n'Ajjer, Algérie
Début du XXIe siècle

Buste de Manuel
Population botocudo
Brésil, 1845

En Amazonie, les Indiens botocudos ornaient leur lèvre inférieure de labrets appelés *bondon*. Ces disques d'une dizaine de centimètres de diamètre étaient portés par les hommes comme par les femmes. En revanche, seuls les hommes inséraient des labrets dans leurs lobes d'oreille.

L'ART DE LA CIRE AU SERVICE DE L'ANATOMIE HUMAINE

Les cires anatomiques témoignent d'un moment de la connaissance et de la représentation du corps humain en Europe. La réalisation de modèles anatomiques en cire se développe à partir du XVIIe siècle en Italie, en lien avec l'essor des grandes écoles d'anatomie comme Padoue, Florence ou Bologne. Accompagnant les débuts de l'enseignement pratique de la médecine, ces cires permettent de pallier les difficultés à se procurer des cadavres et à les conserver pour des démonstrations d'anatomie humaine. Elles sont le fruit de la collaboration entre un chirurgien et un sculpteur qui assiste à plusieurs dissections puis effectue un moule en plâtre sur les parties disséquées. Plusieurs couches de cire sont alors coulées dans le moule. Des poils, cheveux ou cils naturels sont parfois ajoutés pour parfaire l'aspect réaliste de la pièce. Au XVIIIe siècle, ces mises en scène du corps humain sont très en vogue, tant dans le champ médical que mondain. Les cabinets de curiosités se multiplient comme celui du duc d'Orléans, l'un des plus prestigieux. L'élite parisienne se presse pour admirer ces outils scientifiques devenus objets de divertissement. À la Révolution française, leur destin bascule.
Les cires anatomiques rejoignent les collections de l'État pour servir à l'instruction publique et être présentées au plus grand nombre. Au XIXe siècle, l'amélioration des techniques d'étude du corps humain sonne définitivement leur glas en tant qu'outil de connaissance du fonctionnement de celui-ci.

« Femme assise »
Cire colorée
André-Pierre Pinson

André-Pierre Pinson (1746-1828) a réalisé près de 200 modèles en cire qui témoignent de sa connaissance extrêmement précise du corps humain, acquise en tant que chirurgien militaire. Il le met en scène de façon artistique. Sa « Femme assise » renvoie à l'épisode biblique de Suzanne et les vieillards, thème classique en peinture. Le dévoilement des structures internes du corps traduit un souci d'esthétisation autant qu'il est une allégorie du corps mortel.

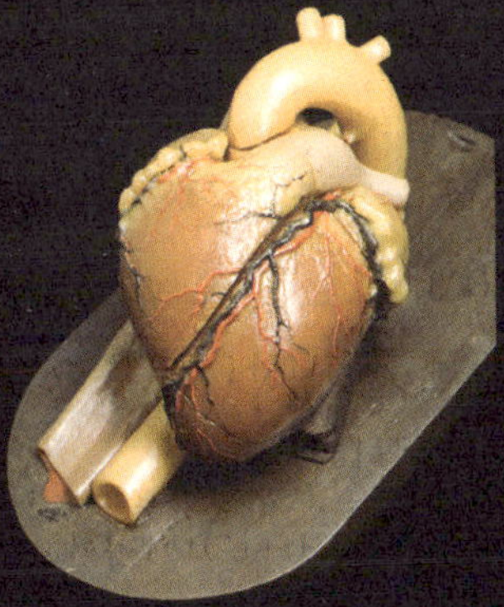

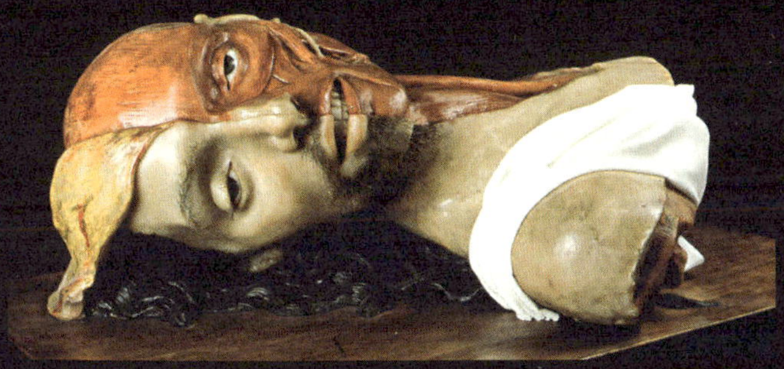

Myologie de la face et du cou,
dite « Tête de vieillard »
Gaetano Giulio Zumbo
Paris, 1701

Technique florissante à Florence au XIIIe siècle, le modelage sur cire est d'abord utilisé pour la création d'offrandes religieuses (ex-voto). C'est d'ailleurs un abbé, Gaetano Zumbo, qui met le premier son savoir-faire en ce domaine au service de la science anatomique. La « Tête de vieillard » est son œuvre ultime. Présentée à l'Académie des sciences de Paris, elle est considérée comme l'acte de naissance de l'art anatomique. Le faste et le pathos caractérisent l'école italienne de céroplastie.

Cœur humain
Écorché
Cire colorée
Pierre-André Pinson

Musculature superficielle de l'Homme, dite « Le Grand Écorché »

Myologie de la face et du cou
Carlo Calenzuoli
Florence, Italie
Première moitié du XIXe siècle

Un être de pensée ?

« L'Homme n'est pas le seul animal qui pense, il est le seul à penser qu'il n'est pas un animal. » _ Paul Broca

Par-delà la diversité des cultures et des réponses qu'ils y apportent, les êtres humains se posent partout les mêmes questions : sur eux-mêmes, la nature, les esprits ou les dieux. Conscience de soi, du temps, de notre condition d'être mortel… les êtres humains pensent et se pensent. Ils donnent un sens au monde dans lequel ils vivent. Notre cerveau joue un grand rôle dans ces capacités à imaginer, créer, classer les éléments de notre environnement.
Le monde est pour nous à la fois un espace immédiat, concret, et un univers peuplé d'images et d'idées. Ces représentations abstraites s'incarnent dans des productions matérielles, mais également dans des pratiques et des comportements, qui peuvent être triviaux ou sacrés.

UN CERVEAU POUR PENSER LE MONDE

Chaque espèce animale, y compris la nôtre, a son univers propre : tout ce qu'elle perçoit, tout ce sur quoi elle agit. Toutes s'adaptent à leur milieu de vie, que leur système nerveux soit constitué de centaines, de millions ou de milliards de neurones. Et les comportements qui résultent de ces capacités cognitives sont variés – ils peuvent être produits de manière stéréotypée par des stimulations élémentaires, issus d'apprentissages ou dictés par des représentations mentales abstraites. De récentes études scientifiques sur les comportements animaux ont repoussé ce qui était considéré jusqu'à très récemment comme propre à l'humain. Elles ont par exemple mis à jour des prémices de conscience du temps ou de la mort chez d'autres espèces que la nôtre – oiseaux ou mammifères. Alors, qu'est-ce qui caractérise un cerveau humain ? En quoi nos capacités cognitives sont-elles singulières ? Si notre cerveau joue un rôle essentiel dans notre façon d'appréhender le monde, c'est en partie parce que nous naissons immatures : formé à 25% à la naissance, sa croissance se poursuit jusqu'à l'adolescence. Nos capacités à imaginer, à créer, à raisonner ou à rêver, notre inventivité comme notre conscience de soi, des autres et du monde se développent durant l'enfance, terreau d'apprentissage à nul autre pareil. Les milliards de neurones et leurs innombrables connexions, les millions de messages nerveux qui circulent en permanence font de notre cerveau un véritable cosmos intérieur où s'enracinent ces extraordinaires facultés de raisonnement, d'anticipation et d'imagination.

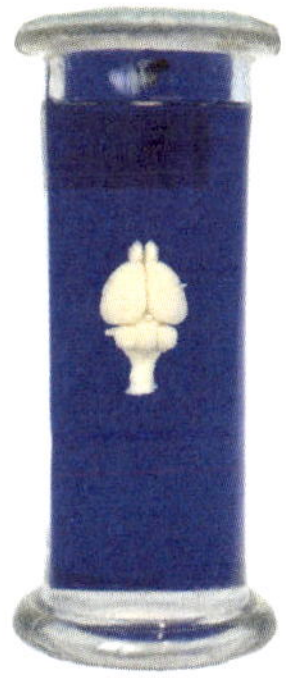

1

2

3

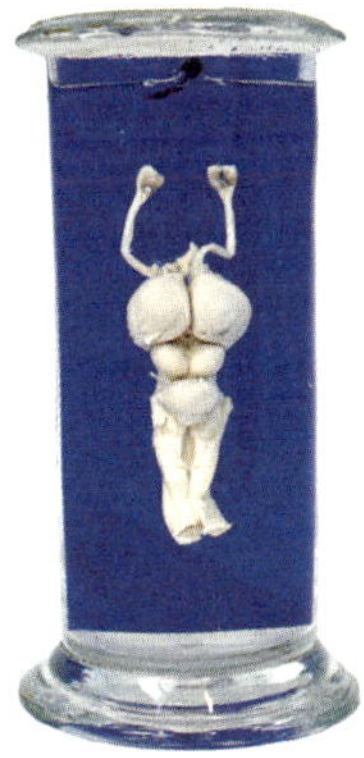

4

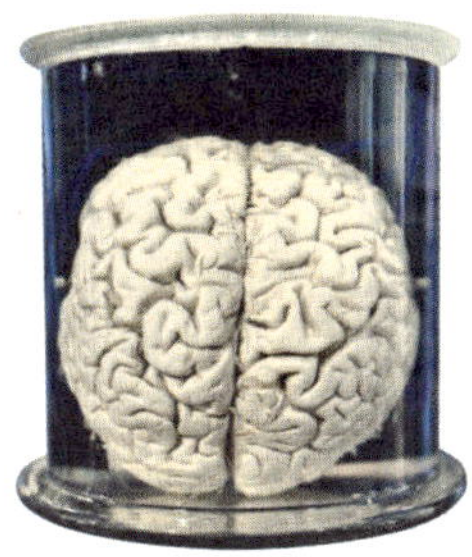

5

1. Cerveau de rat
Rattus norvegicus

2. Cerveau de moineau domestique
Passer domesticus

3. Système nerveux de langoustine
Nephrops norvegicus

4. Cerveau de crocodile du Nil
Crocodylus niloticus

5. Cerveau humain
Homo sapiens

VIVRE, MOURIR ET EN AVOIR CONSCIENCE

Comme toutes les espèces vivantes, nous sommes mortels. À la différence de toutes les espèces vivantes, nous le savons. Cette conscience aiguë du temps et de la mort fait de nous des *Homo sapiens*. La puissance de notre imagination nous pousse à concevoir des êtres, des choses ou des réalités abstraites. *Homo sapiens*, l'être rationnel, est aussi *Homo demens*, un être doué de déraison. En témoignent dans toutes les sociétés humaines la profusion de pratiques magiques et divinatoires ainsi que les croyances qui entourent la mort.

Voir l'invisible

Notre conscience d'être mortel, liée à notre capacité de nous projeter dans le passé comme dans le futur, nous pousse à vouloir maîtriser les événements de notre existence, à prévoir l'avenir, et à tenter d'en infléchir le cours. L'abondance d'objets et de techniques divinatoires montre combien il est important, pour les êtres humains, de se prémunir contre le malheur et de favoriser la chance. Les sociétés apportent des réponses multiples à ces questionnements partagés par tous.

Donner un sens au mal

Les événements graves ou ceux qui se répètent, tels que maladie, infortune, mort, sont-ils causés par une malveillance humaine, par l'intervention d'esprits ou de sorciers, ou par une rupture d'interdit ? Pour répondre efficacement à ces questions que se posent les êtres humains, les devins utilisent un arsenal de techniques divinatoires, d'objets ou de supports aux formes et à l'utilisation variées, qui sont autant de réceptacles adaptés aux diverses puissances auxquelles ils se réfèrent.

Panneau de voyance
France, 1950
Dépôt MuCEM, Marseille, 2015

Nkisi
Bois, boutons de nacre, clous, fibres végétales
Culture songye, teke et luba,
République démocratique du Congo
Fin du XIXe siècle
Dépôt Michel Dray

Les *nkisi* sont des « médicaments magiques » conçus par un devin pour attirer des puissances bénéfiques vers son patient ou pour mettre fin à l'effet maléfique d'un sort. Il transforme, en la dotant de charges, une statuette profane en objet sacré, en représentation d'ancêtre ou d'esprit qu'il invite à intervenir dans les affaires humaines. La substance magique est constituée, entre autres, de terre recueillie dans des lieux symboliques de passage entre le monde des vivants et celui des esprits.

Restes de l'arsenal d'un tradipraticien mandingue
Mbebess, Dakar, Sénégal
Début du XXIe siècle

Vêtement talismanique
Textile, miroirs, cuir, cauris, crin de cheval

Ce vêtement talismanique est la pièce maîtresse de l'arsenal d'un tradipraticien mandingue collecté à Mbebess, la décharge de Dakar, au Sénégal. L'exhibition de la tunique conforte le client dans la puissance de la voyance et des remèdes de son propriétaire. Le devin l'emploie en complément de techniques d'illusionnisme basées sur l'utilisation d'une corne fétiche ou d'une besace parlante, et d'objets de divination comme le bol constitué d'amulettes, d'écrits coraniques et de cauris.

Dispositif divinatoire
Textile, cauris

Bâton de pouvoir
Crin, textile, cauris, cuir

Trophée de guib harnaché (variété d'antilope)
Cornes, os, tissu, fil, cauris

La mort et ses au-delà

Si la mort est reconnue comme un événement incontournable, partout des croyances en relation avec la survie du défunt dans un au-delà, sa renaissance ou sa réincarnation font l'objet de pratiques à l'égard des morts. Pour de nombreuses sociétés, la mort est conçue comme un passage vers un autre monde. Le rituel funéraire est alors indispensable pour permettre au défunt d'y accéder, de renaître à travers une maternité nouvelle qui rappelle les figures de la mère, comme de la terre. Le corps mort, lui, fait l'objet de traitements funéraires différents selon les cultures et les époques : qu'il soit enterré, mangé, momifié, brûlé, exposé à l'air libre… ces pratiques assurent la mise à distance de celui qui n'est plus. Et même dans les sociétés où la mort a perdu son aspect sacré ou mystique au profit d'une vision scientifique ou technique, ces croyances survivent. La rationalisation du rapport à la mort en génère même de nouvelles.

Plaque de cimetière
Céramique émaillée, métal martelé
Limousin, France
1901
Dépôt MuCEM, Marseille, 2015

***Okuyi*, masque d'esprit de défunt**
Bois polychrome, kaolin
Culture punu, Gabon
Début du xxe siècle
Dépôt Michel Dray

La survie du défunt sous forme de « double » est l'une des croyances universelles qui entourent la mort. Selon les sociétés, ce double peut prendre les atours d'un esprit, d'un fantôme ou encore d'un spectre. Il ne quitte pas tout de suite l'espace des vivants : il apparait dans les rêves, imprègne l'atmosphère comme s'il perpétuait par-delà la mort ses activités de vivant. Une façon de donner un visage humain à la mort et de sauver l'intégrité de l'être par-delà la décomposition de ses chairs.

Momie péruvienne
Culture chachapoya, Pérou
IXᵉ-XVᵉ siècle

Découverte en 1877 dans un mausolée des Andes péruviennes, cette momie témoigne de rituels funéraires amérindiens antérieurs aux Incas, chez qui ils ont perduré. Le corps est éviscéré et desséché, puis placé dans une position semblable à celle du fœtus dans l'utérus maternel. Il peut ainsi retourner à la terre, mère de tous les Hommes. Présentée au musée d'ethnographie du Trocadéro dès 1882, cette momie a inspiré de nombreux artistes, notamment Edvard Munch et son célèbre *Cri*.

Jizo
Bois polychrome
Japon, XVIIIᵉ siècle
Dépôt Michel Dray

Muni de son bâton de pèlerin, Jizo est un bodhisattva, un saint sur la voie de l'éveil en passe de devenir bouddha, qui aide les êtres humains à améliorer leur karma. Chargé de sauver les âmes des morts de la souffrance, de les secourir dans le monde des Enfers, il est extrêmement vénéré en Asie. Dans certains temples, des photographies de défunts – souvent des enfants – ou des tablettes portant leurs noms sont placées autour de sa statue, afin qu'il prenne soin d'eux.

La vie des morts

Même disparus, les morts habitent l'espace social. Dans nos civilisations modernes, ils sont célébrés chaque année lors de la « fête des Morts ». Fondée sur la réunification symbolique des vivants et des morts, cette fête s'enracine dans le culte voué aux défunts depuis l'aube de l'humanité. D'origine celte en Occident, elle a été réaménagée par l'Église à partir de l'an mil, puis a pris au XIXe siècle la forme civique de commémorations officielles devant les monuments aux morts.
D'autres peuples attribuent des pouvoirs sacrés à certains de leurs défunts et leur vouent des cultes. C'est une façon d'unir les vivants et les morts dans une chaîne de dépendance. Le pouvoir et la volonté de ces défunts élevés au statut d'ancêtres se font sentir dans toutes les circonstances de la vie sociale. Ces « morts-ancêtres » se distinguent notablement des autres défunts. Certains accèdent au statut de grand ancêtre avant d'être transformés, pour quelques-uns, en véritables divinités.

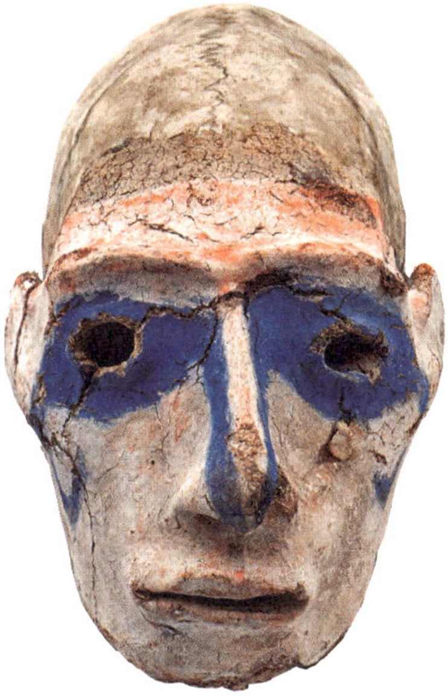

Reconstitution d'un autel de la fête des Morts
Les trois étages correspondent au présent, au passé et au futur
Guadalajara, Xochimilco, Puebla
Mexique, Amérique du Nord
Début du XXIe siècle

Le 1er novembre, les Mexicains célèbrent les défunts de l'année en se réunissant autour des autels qu'ils ont dressés en leur honneur et garnis de leurs nourritures et boissons favorites. Y sont disposés des cierges, du copal - une résine qui symbolise le passage de la vie à la mort - des guirlandes, des oeillets d'Inde associés aux morts depuis l'époque préhispanique, souvent utilisés pour marquer le chemin que doivent suivre les âmes pour retrouver leur maison. Le 2 novembre, ils rendent visite à leurs morts au cimetière et ornent leurs tombes de présents.

Crânes surmodelés
Os, terre, fibres végétales
Culture malakula, Vanuatu, Océanie
XIXe siècle

Les crânes surmodelés sont des ossements de défunts importants de la communauté, conservés afin d'en renforcer le pouvoir. Leurs ornements sont autant d'indications sur le statut et le rôle de chaque ancêtre.

1001 façons de penser le monde
Inscrit dans le vivant comme les autres espèces, l'Homme s'en distingue alors qu'il est son propre classificateur. Toutes les sociétés humaines ordonnent le monde en catégorisant les éléments de leur environnement – animaux, végétaux, paysages.

L'Homme d'un côté,
la nature de l'autre

1 001 FAÇONS DE PENSER LE MONDE

Les êtres humains regroupent en catégories les éléments du monde, les choses, les êtres – qu'ils soient visibles ou invisibles. La façon dont nous classons les animaux, par exemple, varie selon que l'on considère la classification scientifique ou les classifications populaires. Ainsi, un même animal peut avoir des statuts différents ! En fonction de notre histoire et de notre culture, nous avons élaboré des systèmes de représentation du monde qui reposent sur notre conception de l'origine de l'Univers, des êtres qui le peuplent et de la place que nous y tenons. C'est pourquoi la « nature » telle qu'elle est perçue en Europe n'est pas universelle. Et la définition de l'Homme par opposition aux autres espèces est notamment étrangère à bien des peuples.

L'Homme, les plantes, les animaux, un même clan

Il existe des sociétés humaines qui classent des individus, des plantes, des animaux, voire des lieux au sein d'un même groupe, malgré leurs apparences diverses. Elles leur attribuent des qualités morales, comportementales ou physiques similaires. Chaque membre du clan, qu'il soit humain ou non, est considéré comme une incarnation d'un même « totem », sorte de prototype originel. Cette vision « totémique » du monde est particulièrement présente dans les sociétés aborigènes d'Australie.

L'Homme, un monde en miniature

La recherche de l'équilibre entre l'ensemble des êtres vivants et les puissances célestes et terrestres est une façon de voir le monde et de s'y situer. La pensée chinoise fonctionne sur ce principe de correspondances, d'analogies entre les éléments de l'univers, les humeurs et les parties du corps, les signes astrologiques, les couleurs… Elle cherche à déceler ainsi les lois de l'Univers. La structure du plus petit, le microcosme, se retrouve dans le plus grand, le macrocosme, et inversement.

L'Homme et les esprits de la nature

Certaines sociétés, en Afrique notamment, considèrent que l'ordre du monde est régi par les esprits de la nature – ancêtres et animaux primordiaux. La vie communautaire est rythmée par les cérémonies du culte qui leur est rendu. Ces mythes sont à l'origine de représentations du monde qui en expliquent le fonctionnement, à partir du rôle attribué à chacun des éléments qui le composent – animaux, plantes, esprits, espaces… – et du rapport que l'Homme se doit d'entretenir avec eux.

L'Homme d'un côté, la nature de l'autre

Dans la pensée européenne, le monde se compose d'êtres humains, d'éléments naturels et de productions humaines – perçus comme des entités distinctes les unes des autres. Dans cette vision du monde, l'Homme est le seul sujet ou être doté de pensée. Elle s'inscrit dans une histoire : née dans la Grèce antique, elle s'est développée avec le christianisme et trouve son point d'orgue dans la révolution scientifique du XVIIe siècle, dont le philosophe René Descartes est la figure centrale.

***Teket*, chaire d'orateur**
Culture iatmul,
Papouasie-Nouvelle-Guinée
Début du xxe siècle
Dépôt Michel Dray

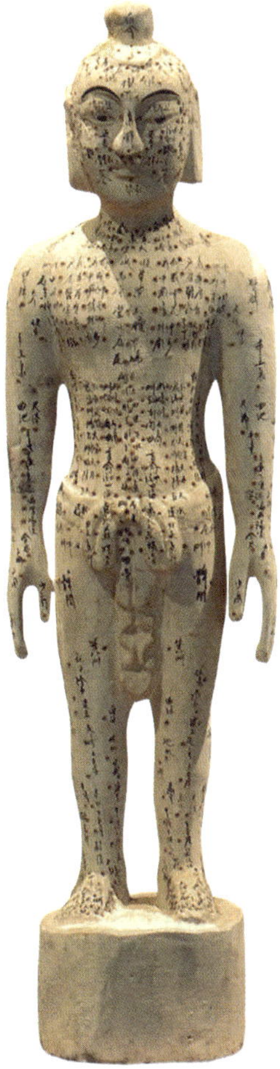

Mannequin d'acupuncture
Bois, gesso, encre
Chine, province du Hebei
xxe siècle

En Chine, l'univers est perçu comme fractionné en une multiplicité d'essences, de formes ou de substances en circulation permanente. Il faut donc sans cesse l'ordonner pour le rééquilibrer. Le corps humain y est conçu comme un modèle réduit, donc maîtrisable, des éléments qui rythment la mécanique du monde. Le soin dont la personne humaine fait l'objet illustre cette recherche perpétuelle d'harmonie.

***Lipiko*, masque d'ancêtre**
Culture makondé, Tanzanie
Début du xxe siècle
Dépôt Michel Dray

Les masques d'initiation à l'expression humaine réaliste sont rares en Afrique. Celui-ci illustre le mythe fondateur makondé : une effigie féminine sculptée par le premier Homme prend vie et enfante les premiers individus de la société. Ses scarifications font écho à celles appliquées sur les visages des femmes et des hommes, de génération en génération, lors des rites de passage à l'âge adulte.

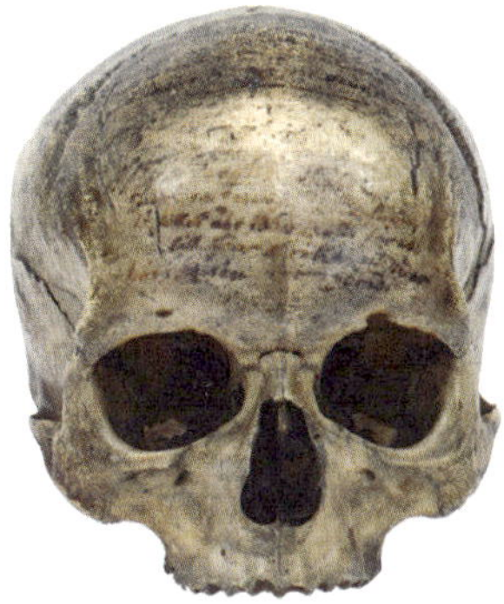

Crâne de René Descartes,
philosophe français (1596-1650)

Ce crâne porte les noms encore lisibles de ceux qui l'ont possédé avant qu'il ne rejoigne les collections du musée de l'Homme.

SPLENDEURS ET MISÈRES DE LA PHRÉNOLOGIE

La recherche d'un centre anatomique de la conscience a traversé l'histoire des sciences. Au début du XIXe siècle, le médecin viennois Franz Joseph Gall élabore une nouvelle théorie, appelée « phrénologie ». Il prétend pouvoir relier chaque fonction mentale à une zone du cerveau et déduire ainsi les qualités morales et intellectuelles d'un individu à partir de la forme de son crâne. Postulant que les sentiments, instincts et comportements humains sont innés, Gall identifie 27 facultés intellectuelles et mentales, de la tendance au meurtre au talent poétique : 19 communes aux vertébrés et à l'Homme, et 8 propres à ce dernier. Pour valider son hypothèse, il sélectionne des individus représentatifs de ces facultés et réalise des moulages de leur crâne. Cette collection illustre à ses yeux la diversité humaine à travers des individus qui se distinguent par leurs vices ou leurs vertus : criminels, aliénés ou gens de talent. Un temps populaire, cette « science » fut vite contestée. Elle a néanmoins initié l'étude de la spécialisation cérébrale, et nous a laissé la prétendue « bosse des maths » en héritage !

Tracé des divisions phrénologiques sous forme de zones numérotées
Plâtre coloré
Première moitié du XIXe siècle

Vito Mangiamele
Berger italien alors âgé de 10 ans, prodige en mathématiques, surnommé « l'enfant calculateur de Syracuse »

Buste présentant les zones phrénologiques et les circonvolutions du cerveau
Jean-Gaspard Spurzheim (1776-1832), disciple de Gall
Plâtre coloré
Première moitié du XIXᵉ siècle

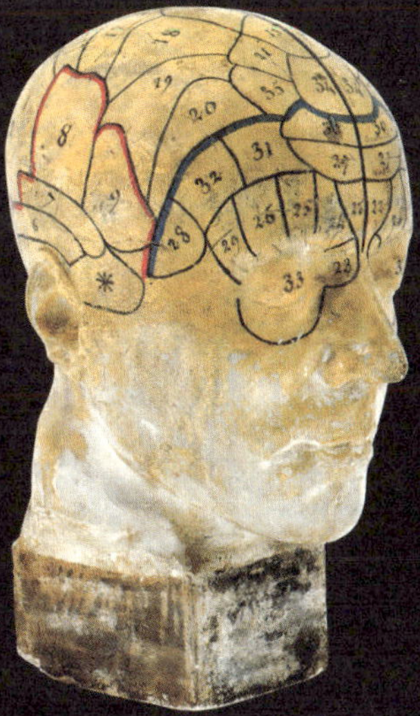

Tracé des divisions phrénologiques sous forme de zones numérotées
Plâtre coloré
Première moitié du XIXᵉ siècle

Franz Liszt (1811-1886)
Célèbre musicien hongrois, moulé par Gall à l'âge de 12 ans

Apollon du Belvédère
Copie réalisée à Rome (IIᵉ siècle) de la statue grecque du dieu Apollon attribuée à Léocharès (IVᵉ siècle avant notre ère)

Un être de liens ?

« Au commencement est la relation : toute vie véritable est rencontre. Notre merveilleuse capacité de vivre en nous ce qu'expriment les autres est ce qui fonde notre commune humanité. »
_ Jean-Claude Ameisen

L'Homme n'existe pas seul : nous ne pouvons pas vivre sans les autres. Notre espèce est extrêmement sociale : l'amour, l'échange et la transmission sont vitaux pour notre développement. Les liens qui nous attachent aux autres s'enracinent dans notre cerveau, véritable passerelle entre nous et nos semblables. Ces liens se sont transformés en force pour notre espèce – composée actuellement de sept milliards d'individus –, structurée en familles et sociétés d'une grande diversité. Chacun de nous est éduqué pour faire partie d'un groupe dont il apprend les règles par imprégnation et par transmission. Individus, groupes ou sociétés se distinguent les uns des autres par un double phénomène : se reconnaître entre soi et se démarquer des autres.

ON NE NAÎT PAS HOMME OU FEMME, ON LE DEVIENT

Être une femme ou un homme n'est ni une simple donnée naturelle qui serait indépendante des cultures, ni une construction seulement sociale qui serait indépendante des conditions biologiques. Lorsque l'on distingue les femmes et les hommes, on classe les individus sur un critère biologique parmi d'autres : l'appareil reproducteur. Les différences biologiques entre les sexes sont marquées socialement : toutes les sociétés différencient les individus à partir des caractères sexuels. Elles s'attachent à rendre cette différence la plus visible possible en jouant sur l'apparence, par le recours à des accessoires ou l'accentuation de certains caractères morphologiques. C'est pour cela qu'il est très compliqué de démêler chez les individus ce qui relève du sexe et ce qui relève du genre : notre identité est le fruit d'une construction complexe, issue de l'interaction entre le biologique et le culturel. Et partout, la vie sexuelle – faite de désirs, de plaisirs ou de reproduction – est soumise à des normes, des règles et des interdits qui, le plus souvent, génèrent des inégalités entre femmes et hommes. Les grands moments de la vie des individus font ainsi l'objet de célébrations au sein de la société : les étapes biologiques – comme la puberté, ritualisée de façon souvent individuelle pour les filles, et plutôt collective pour les garçons – mais aussi le passage du célibat à la vie conjugale. Ces épisodes entérinent l'éducation reçue depuis l'enfance.

SE SITUER DANS UN HÉRITAGE, DE L'ART DE DÉSIGNER SES PÈRES

Chacun d'entre nous appartient à une société construite sur des valeurs communes. Ce « vivre ensemble » repose sur des figures fondatrices, supports de l'identité du groupe, qui assurent sa pérennité et sa prospérité – et en lesquelles tous se reconnaissent. C'est le cas des ancêtres, esprits, divinités, ou personnages allégoriques, dont le culte est transmis de génération en génération. Réels ou imaginaires, ils assurent la cohésion du corps social – ici comme ailleurs.

SE SITUER DANS UN GROUPE, DE L'ART DE DÉSIGNER SES PAIRS

Notre monde est perméable : aucune société ne vit isolée sur elle-même. Les relations entre les groupes sont faites d'échanges commerciaux et sociaux, mais aussi conflictuels, pour la domination d'un territoire, de ses ressources et de ses habitants. Qu'importe sa taille, chaque société est « traditionnelle ». La fierté identitaire se réaffirme continuellement dans les symboles ou emblèmes de pouvoir, lors des rituels ou des fêtes collectives qui rythment la vie sociale. Un patrimoine dans lequel l'Autre a aussi son rôle à jouer...

Des identités plurielles et emboîtées
Notre identité est le fruit du contexte familial, social et culturel de chacun d'entre nous. Faire partie d'un groupe, partager des valeurs, se situer dans un héritage sont autant de façons de se reconnaître entre soi et se démarquer des autres.

Se situer dans un groupe
DES IDENTITÉS PLURIELLES ET EMBOÎTÉES

Un être de parole ?

« L'Homme est Homme en tant qu'il est celui qui parle. » – Martin Heidegger

« Il était une fois... » L'Homme est un être de récit. Doués de parole, nous nous mettons en scène, nous racontons nos histoires sur nous-mêmes, les autres, nos origines, l'avenir... Si le langage est une faculté ancrée dans la biologie, les langues, elles, relèvent de la culture. À partir d'une même capacité à parler, une profusion de langues et de dialectes s'est développée depuis des temps immémoriaux. Vecteurs de mémoire et de tradition, ce sont de forts marqueurs identitaires. Le fait de raconter des histoires – qu'elles soient dites, écrites ou chantées – est un élément structurant des sociétés humaines. Et tout comme elles, les langues ne sont pas figées : elles naissent, vivent, déclinent et évoluent.

SEPT MILLE LANGUES, SEPT MILLIARDS D'HOMMES

On estime à 7 000 le nombre de langues parlées dans le monde. C'est le résultat d'un dialogue ininterrompu entre les Hommes, une communication verbale dont l'origine daterait d'au moins 200 000 ans. Chaque langue a son histoire : une langue sur deux n'est pas écrite. Chaque langue est adaptée à la société qui la parle : toutes les langues sont également complexes. Certaines se développent pendant que d'autres meurent ou naissent, mais elles se transforment toutes. [ill. p. 13]

VOIX EN MUSIQUE

Les hommes et les femmes du monde entier utilisent leur voix pour communiquer et exprimer leurs émotions, notamment à travers la musique. Produites à partir d'une grande diversité de techniques vocales, les expressions musicales de la voix épousent des esthétiques culturelles variées. Elles sont source de cohésion sociale et d'affirmation des identités. Et reflètent la richesse des rapports que les sociétés entretiennent avec leurs mondes spirituel, naturel et imaginaire.

QUAND LES MOTS FONT LA DIFFÉRENCE

Esquimaux ou Inuits ? Maures, Berbères ou Imazighen (Hommes libres) ? Le nom que se donne un groupe diffère en effet souvent de celui que les autres lui attribuent. Ainsi, « Inuits » signifie « les Hommes » et « Esquimaux », « mangeurs de viande crue ». La langue fonctionne là comme un marqueur identitaire pour les communautés, en distinguant les « barbares » (les étrangers) des civilisés (les siens). Ainsi le langage peut aussi servir à ériger des frontières : nous considérons souvent comme inférieurs ceux qui ne partagent pas notre langage et la culture que celui-ci véhicule, et valorisons ainsi notre propre communauté.

Femme inuite de 23 ans, originaire du Groenland, modelée sur le vivant au Jardin d'Acclimatation
Henri Cordier
Plâtre patiné
France, 1877

Des êtres pluriels

« L'Homme, blanc en Europe, noir en Afrique, jaune en Asie et rouge en Amérique, n'est que le même Homme teint de la couleur du climat. »
_ Buffon

Si, au cours de notre histoire, nous avons pu nous croire très différents, nous savons aujourd'hui que nous formons une seule humanité, une et indivisible, composée d'êtres pluriels. Après avoir exploré plusieurs critères pour définir les êtres que nous sommes, croisé les approches biologiques et culturelles, pris des chemins de traverse dans l'histoire des idées et des arts, nous en savons un peu plus sur la nature humaine. Nous avons découvert qu'aucune science ne saurait à elle seule la définir. Le regard croisé des disciplines scientifiques convoquées est à notre image : multiple. C'est un portrait en mosaïque de l'humanité qui se dessine, composé d'êtres si différents, et en même temps si semblables.

Ensemble de moulages réalisés au XIXe siècle sur des individus de diverses régions du monde.

L'HOMME ÉTUDIÉ

« Les voyageurs ne décideront pas toujours aisément les indigènes à se laisser mouler la tête. Il faut d'ailleurs une certaine habileté pour faire cette opération sur le vivant. » – Paul Broca

Au début du XIXe siècle, des savants européens ont cherché à donner une image complète de cette diversité humaine et à en élucider l'origine. Après avoir étudié leurs contemporains en Europe, ils sont allés à la rencontre d'êtres humains aux physionomies et aux modes de vie méconnus, lors de grandes expéditions scientifiques menées en différents endroits du globe comme celles de Jules Dumont d'Urville dans les mers du Sud et en Océanie (1837-1840), et celle du prince Napoléon dans les mers du Nord (1856). Cherchant à rendre compte, pour étude, de ces multiples types humains, les anthropologues empruntent alors aux artistes la technique du moulage en plâtre. Véritables copies du vivant, les bustes ainsi réalisés reproduisent fidèlement les visages et les traits observés.
Le phrénologiste Pierre-Marie Dumoutier (1791-1871), qui a embarqué avec Dumont d'Urville, invente en 1842 le céphalomètre, outil destiné à mesurer les bustes obtenus après moulage. Une fois rassemblés en collection, ils permettent de constituer un répertoire comparatif des groupes humains, grâce à l'étude des mensurations de la tête et de la face des individus. L'heure est à la comparaison des êtres humains, dans un but de classification.

1

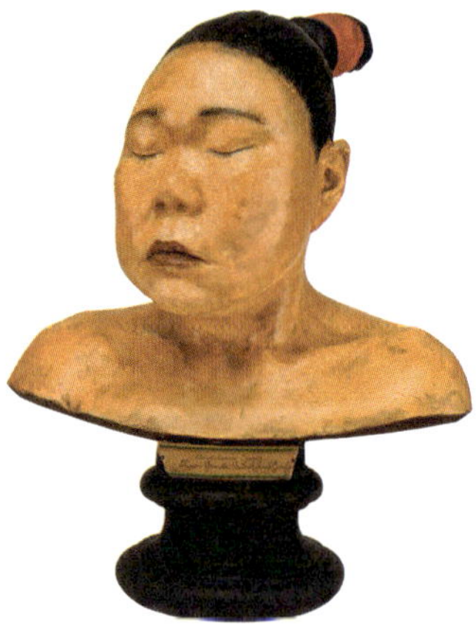

2

1. Céphalomètre de Dumoutier

2. Asenat Eleonora Elizabette
Femme inuite de 27 ans
Moulée en 1856 au Groenland

L'HOMME EXPOSÉ

Étudié, mesuré, idéalisé, esthétisé… les regards portés au cours du XIXe siècle sur la diversité humaine sont multiples. Des femmes et des hommes non occidentaux seront exposés par les Européens au cours de spectacles ethnographiques qui exaltent des stéréotypes exotiques. Ainsi, en 1845, le peintre Georges Catlin, passionné par la culture amérindienne, engage des Indiens pour danser et chanter au milieu de ses toiles. Ces tableaux vivants font le succès de la salle Valentino à Paris. L'élite intellectuelle s'y presse – Charles Baudelaire, Eugène Delacroix, Victor Hugo… –, tandis que l'image du noble sauvage se diffuse. Ces mises en scène de prétendus modes de vie « indigènes » deviennent au milieu du XIXe siècle un véritable filon commercial. Elles sont à l'origine de stéréotypes qui s'avéreront tenaces. En 1853, l'imprésario Caldecott présente des scènes fantasques de repas, de combats ou de mariages jouées par des Zoulous. Il participe à l'essor d'un genre de manifestations qui gagnera toute l'Europe. En 1877, un groupe humain, des Nubiens, est exposé pour la première fois à Paris, au Jardin d'Acclimatation, avec les animaux qui les accompagnent. En dehors des heures de spectacles, des anthropologues les étudient pour enrichir les connaissances sur les « races », concept alors employé pour décrire la diversité humaine. 40 000 personnes auraient ainsi été exhibées dans le monde en un siècle.

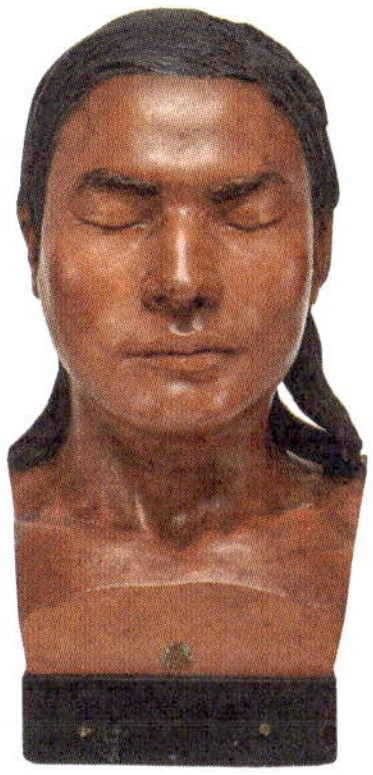

1

2

3

1. Se-Non-Ty-Yah, Indien
Moulé en 1845 à Paris

2. Mankanana, Zoulou
d'Afrique du Sud
Moulé en 1853 à Paris

3. Sabr-Ganil, Soudanaise
Moulée en 1891 à Paris

L'HOMME SUBLIMÉ

« J'arrive à concevoir l'idéal
ou plutôt le type de chacun
de ses caractères, puis [...]
je constitue dans mon esprit
un type d'ensemble où se trouvent
réunies toutes les beautés spéciales
à la race que j'étudie. »

— Charles Cordier

L'ambition scientifique de répertorier les populations de la Terre trouve un écho dans le monde des beaux-arts : les études ethnographiques offrent de nouvelles perspectives aux artistes. Sensible à la démarche ethnographique qui émerge alors, le sculpteur Charles Cordier (1827-1905) s'en inspire et se rend en Algérie, en Grèce et en Égypte. De ses rencontres avec les habitants naissent des portraits vivants et nobles, qui puisent notamment leur grandeur dans le regard du sculpteur et célèbrent la beauté plastique et le charme de ses modèles.

Saïd Abdallah
Charles Cordier
Bronze
1848

Arrivé en France en 1838, Seïd Enkess – un ancien esclave soudanais – devient modèle professionnel pour des peintres et sculpteurs. Charles Cordier réalise son buste sous le nom de Saïd Abdallah, qu'il expose au Salon de l'Académie des beaux-arts en 1848, année de l'abolition de l'esclavage.

Femme chinoise
Charles Cordier
Bronze
1853

Nubienne
Charles Cordier
Bronze
1857

D'OÙ VENONS-NOUS?

« Notre regard, borné à un petit nombre de siècles peut reconnaître dans le passé l'Homme toujours semblable à lui-même, admiré qu'il n'ait point changé depuis le temps des pharaons, mais plus s'il plonge dans les gouffres de la Préhistoire. Et s'il n'a pas toujours été tel qu'il est, comment penser qu'il le demeurera toujours ? L'homme devient. » — André Gide

La seconde partie du XIXe siècle constitue un tournant dans la connaissance de la diversité humaine. Une question va devenir centrale : quelle est son origine ? Corollaires à cette interrogation fondamentale, d'autres questions vont également se développer : les premiers Hommes étaient-ils déjà différents les uns des autres, ou sommes-nous tous les descendants d'un même groupe ? Et ces lointains ancêtres, de quand datent-ils ? Comment notre lignée est-elle apparue ? Comment nos ancêtres ont-ils vécu et disparu ? Comment et pourquoi notre espèce, *Homo sapiens*, est-elle la seule de la lignée humaine à être restée sur Terre ?
Nous sommes le fruit d'adaptations constantes aux importantes variations climatiques et aux environnements divers qui existent depuis la préhistoire.
Cette évolution biologique et cognitive est buissonnante ; elle ne suit pas un chemin

bien tracé : depuis un lointain et inconnu ancêtre, plusieurs espèces ont participé à l'émergence de l'Homme. Parallèlement, des innovations techniques majeures et une grande diversité culturelle ont influencé ce que nous sommes devenus. Pour remonter dans l'épaisseur du temps et comprendre notre lointain passé, les apports de l'archéologie, de la paléoanthropologie, de la génétique et de l'histoire des sciences se complètent. Comprendre les temps les plus anciens de notre humanité permet de mieux saisir comment nos rapports à l'environnement, aux paysages, aux animaux se sont élaborés et construits et comment les innovations techniques, telles que l'entretien d'un feu, l'aiguille à chas ou la standardisation de la taille des outils en pierre, deviennent des repères importants de notre évolution. D'autres jalons, sociaux et symboliques, comme le fait d'enterrer ses morts ou de créer des œuvres d'art permettent de replacer sur la longue durée ce qui fait ce que nous sommes. Enfin, les premières modifications perceptibles de l'Homme sur l'environnement vont préfigurer nos rapports avec la nature. Les plantes et les animaux vont être domestiqués, de nouvelles formes d'habitat voient le jour et les paysages vont être progressivement transformés à partir de la période néolithique.

Les étapes d'une évolution buissonnante

- 60 millions d'années à - 300 000 ans

« Nous possédons une origine unique : nous sommes tous des africains d'origine, nés il y a trois millions d'années, et cela devrait nous inciter à la fraternité. »

_ Yves Coppens

Notre histoire évolutive débute il y a 60 millions d'années, et nous la partageons avec l'ensemble des primates. Mais quand et comment l'Homme s'est-il différencié ? De quels primates du passé *Homo sapiens* tire-t-il ses origines ? Son berceau est en Afrique, où les australopithèques et les paranthropes se développent, coexistent puis s'éteignent, au cours d'une évolution buissonnante, laissant le seul genre *Homo* émerger. Avec lui apparaissent les premiers outils que nous ait laissés l'humanité. Plusieurs espèces du genre *Homo* quittent peu à peu l'Afrique. Elles colonisent de nouveaux continents et s'adaptent à de nouveaux milieux.

L'ÉMERGENCE DE LA LIGNÉE HUMAINE (- 60 À - 4 MILLIONS D'ANNÉES)

Notre histoire évolutive partagée avec l'ensemble des primates actuels débute il y a 60 millions d'années. Au cours de ces millions d'années, l'évolution a peu à peu façonné ceux que nous sommes en sélectionnant progressivement certains caractères anatomiques. Cette longue fabrique morphologique de l'Homme explique que nous partagions de nombreux points communs avec nos cousins d'évolution, les grands singes. Les plus anciens primates connus datent de 55 millions d'années. Ils vivaient dans des forêts tropicales humides. Ils ont colonisé l'Afrique, l'Europe, l'Asie et l'Amérique, et ont évolué en diverses espèces allant de petits frugivores-insectivores nocturnes aux premiers minuscules singes diurnes. Parmi les plus grands singes, mangeurs de fruits et de feuilles, certains se sont redressés dans les arbres, et c'est parmi eux que l'on trouve vers 12 millions d'années les ancêtres des gorilles, des chimpanzés et des Hommes.

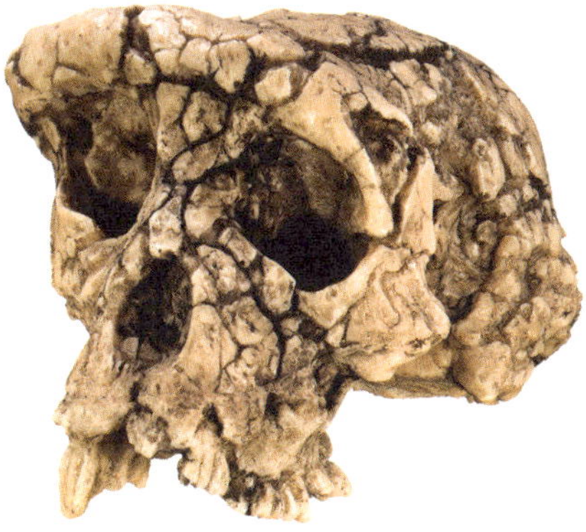

***Sahelanthropus tchadensis*, dit « Toumaï »**

Des prétendants à l'origine de la lignée humaine

***Sahelanthropus tchadensis*,**
- 7 millions d'années
Cette espèce surnommée « Toumaï » estsans doute contemporaine du dernier ancêtre commun de la lignée humaine et des chimpanzés. Elle est identifiée par un crâne, des fragments de mâchoire inférieure et par des dents. Leur morphologie suggère que ce spécimen pourrait être un des premiers représentants de la lignée humaine. Il n'existe pas de données sur le reste du squelette. *Sahelanthropus tchadensis* vivait dans un paysage de forêts et de savanes, près de points d'eau.

***Orrorin tugenensis*,**
- 5,7 à - 6,1 millions d'années
La découverte d'*Orrorin tugenensis* oblige les scientifiques à revoir les hypothèses sur les origines de l'Homme. En effet, ses dents, ses mâchoires et son squelette révèlent un mélange entre les caractéristiques humaines et les spécificités du singe. Son fémur indique qu'il était bipède, mais les os de son bras et de ses doigts suggèrent qu'il pouvait aussi se déplacer dans les arbres. Il vivait dans un environnement plutôt boisé, proche d'un lac.

***Ardipithecus kadabba*, - 5,2 millions d'années**

Plusieurs restes fragmentaires témoignent de la morphologie de cette espèce : mâchoire inférieure, dents isolées, fragments de bras, phalanges de main et de pied. Ces éléments suggèrent que cette espèce était bipède, ce qui est une des caractéristiques de la lignée humaine. Pour certains chercheurs, il s'agit d'un ancêtre possible de cette lignée, comme Toumaï et *Orrorin* ; pour d'autres, il s'agit plutôt de l'ancêtre des grands singes.

***Ardipithecus ramidus*, - 4,2 millions d'années**

De nombreux os et dents appartenant à plusieurs individus ont été découverts. Ils ont permis de reconstituer un squelette presque complet et de comprendre le mode de locomotion d'*Ardipithecus ramidus*. Celui-ci pouvait certainement marcher, mais sa morphologie et ses proportions corporelles restaient proches de celles des grands singes. Sa position sur l'arbre généalogique de la lignée humaine est discutée : ancêtre des australopithèques pour les uns, grand singe pour les autres.

LE BERCEAU AFRICAIN ET TROPICAL (- 4 À - 2 MILLIONS D'ANNÉES)

L'évolution humaine est buissonnante. En Afrique, plusieurs espèces vont se développer, vivre ensemble et s'éteindre, laissant le seul genre *Homo* émerger de cette histoire évolutive. Pendant de nombreux millénaires, plusieurs espèces d'australopithèques (dont la célèbre Lucy) et de paranthropes vivent en petits groupes sur le continent africain. Elles occupent un habitat adapté à leurs exigences biologiques et à leurs comportements, évoluant en fonction des variations climatiques et environnementales. Il y a environ 2,8 millions d'années apparaissent les premiers représentants du genre *Homo*. Omnivores, pratiquant le charognage, ils nous ont laissé des outils en pierre taillée.

***Homo habilis*, entre - 2,8 et - 1,3 millions d'années**

Cette espèce apparaît en Éthiopie, il y a 2,8 millions d'années, dans un contexte de grave crise climatique. *Homo habilis*, bipède, est capable de se déplacer sur de longues distances et de s'adapter à des environnements variés et changeants. Il est l'artisan supposé des outils oldowayens, outils rudimentaires à base de galets, réalisés par percussion directe. *Homo habilis* est le premier représentant du genre *Homo*, qui a ensuite peuplé la quasi-totalité de la Terre.

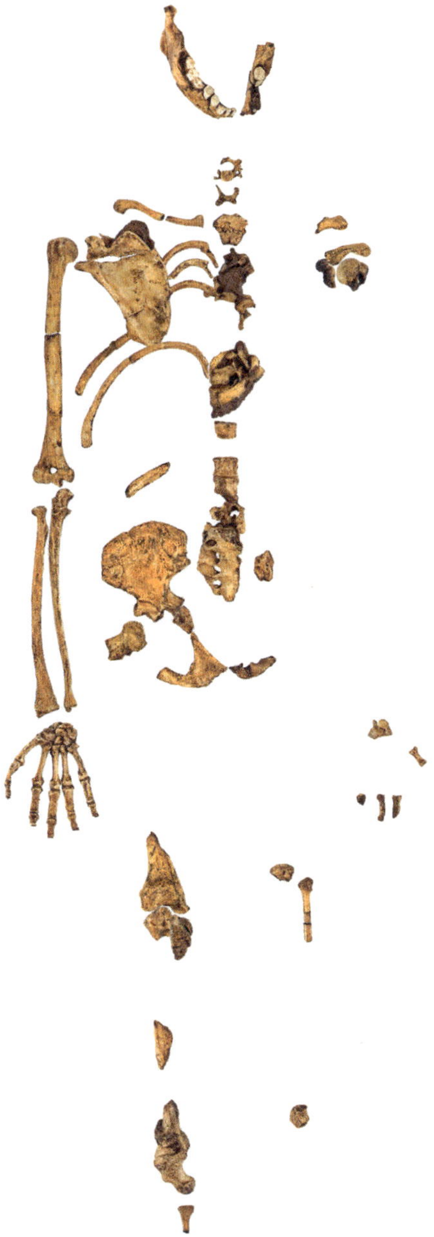

Les premiers outils

Nous ne connaissons pas avec certitude les artisans des plus anciens outils en pierre taillée, qui apparaissent il y a 3,3 millions d'années. Néanmoins, leur création comme leur fabrication nécessitent des capacités d'apprentissage et d'anticipation qui marquent le début de l'histoire de l'humanité. Ces premiers outils sont comme des « couteaux de poche » multitâches. Ils sont fabriqués directement sur leur lieu d'utilisation. Ils permettent de s'adapter à la vie dans les savanes, rythmée par le charognage et la cueillette. Tous les outils n'étaient pas en pierre. Certains d'entre eux, de même que beaucoup d'ustensiles du quotidien, étaient constitués de bois, d'écorce ou de coques de fruits. Ces matériaux, très périssables, ne sont qu'exceptionnellement retrouvés au cours des fouilles, car ils se décomposent le plus souvent dans le sol. Pourtant, ils étaient probablement très utilisés par les populations paléolithiques et différents sites préhistoriques en présentent des traces.

***Australopithecus afarensis*, dite « Lucy », - 3,2 millions d'années**

Cette espèce d'australopithèque est la mieux connue, grâce à la découverte de centaines de restes osseux et dentaires, qui ont permis de reconstituer des squelettes incomplets d'enfants, d'adolescents et d'adultes. Des empreintes de pieds ont aussi été trouvées. Les processus de croissance et les différences de morphologie au sein de cette espèce ont pu être étudiés. On sait ainsi que les australopithèques étaient adultes plus tôt que l'Homme actuel.

Paléolithique ancien (-3.3 Ma à -300 000 ans)

Trièdre
Quartzite
Ouganda

Éclats
Quartzite
Ouganda

Chopping-tool
Quartzite
Sidi Abderrahmane
Cunette, Maroc

Polyèdre
Quartzite
Sidi Abderrahmane
Cunette, Maroc

LES HOMMES SORTENT D'AFRIQUE (- 2 MILLIONS D'ANNÉES À - 200 000 ANS)

Les différentes espèces constituant le genre *Homo* vont sortir d'Afrique, s'adapter à de nouveaux milieux et coloniser de nouveaux continents. On pensait que seul *Homo ergaster* était parti à la conquête du monde. Mais les découvertes de fossiles et d'outils en Europe et en Asie prouvent que d'autres espèces (peut-être *Homo habilis*) ont voyagé et se sont installées hors d'Afrique. Ces migrations se sont faites par vagues, sur de longues périodes. Vers 400 000 ans, une innovation majeure bouleverse les modes de vie : la maîtrise du feu. Les habitats et la vie sociale vont alors se structurer autour du foyer, et de nouveaux traits culturels et sociaux, visibles dans les outils utilisés, apparaissent.

***Homo ergaster*, entre - 1,9 et - 1,4 millions d'années**
La morphologie et les proportions corporelles d'*Homo ergaster* sont proches de celles de l'Homme moderne. Il est bipède, développe un outillage diversifié et invente le biface. Il va chercher ses matières premières à plusieurs dizaines de kilomètres de son camp de base. Il vit de chasse et de cueillette. Ses activités montrent la présence d'une organisation sociale. Il est parfois appelé *Homo erectus* africain.

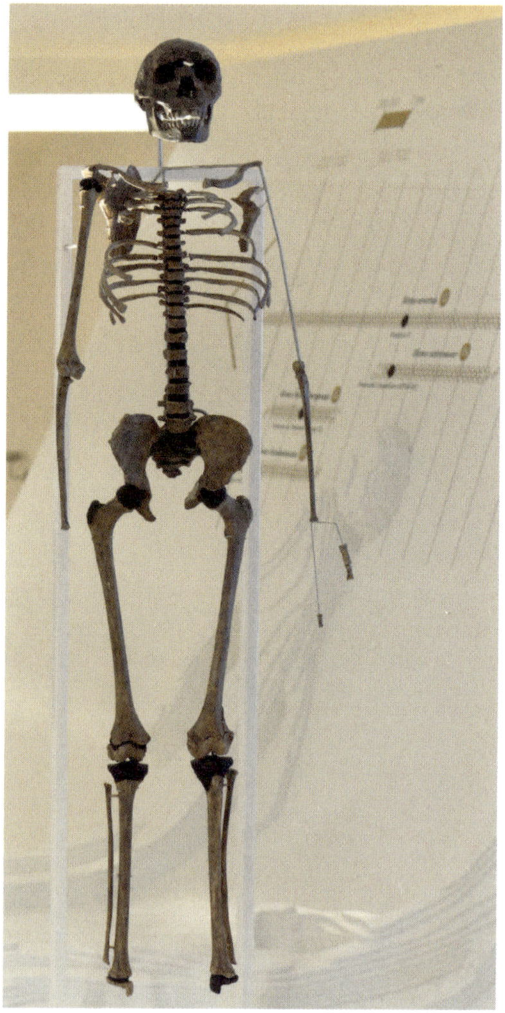

Garçon de Nariokotome, Kenya
Homo ergaster
Moulage présenté dans l'exposition

Homo heidelbergensis **(Homme de Tautavel), entre - 600 000 et - 300 000 ans**

Cette espèce, aussi nommée l'« Homme de Tautavel », a une stature et une corpulence proches de celles de l'Homme actuel. Elle chasse du gros gibier, a maîtrisé le feu il y a 400 000 ans, fabrique des outils en pierre, des épieux de bois et des lances à pointe. Des traces d'outils sur des os humains prouvent que ces hommes pratiquaient le cannibalisme dit « gastronomique ». Certains chercheurs les considèrent comme les ancêtres exclusifs des néandertaliens, d'autres comme les ascendants communs des néandertaliens et des Hommes modernes.

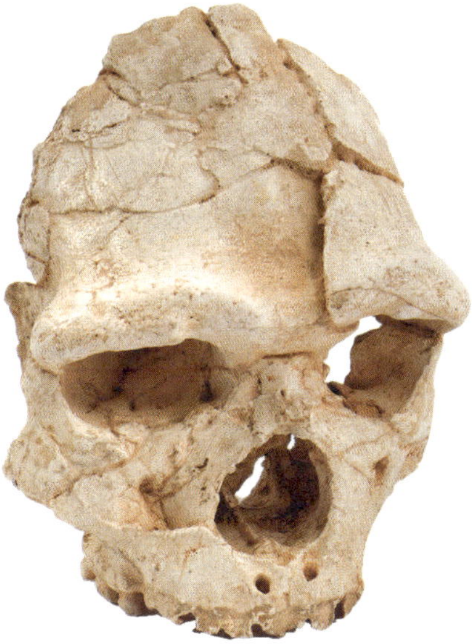

Homo heidelbergensis **(Homme de Tautavel)**

De nouvelles techniques de taille

Des outils multifonctions aux formes peu variées continuent à être fabriqués pour réaliser des actions précises : écraser ou percuter. Toutefois, l'émergence d'objets comme le biface ou le hachereau témoigne d'une volonté de concevoir des outils pour des usages spécifiques : couper la viande ou tanner et percer une peau d'animal. Ces outils répondent à des besoins quotidiens, mais expriment aussi un sens esthétique. En effet, la symétrie qui est mise à l'œuvre pour créer un biface révèle un véritable sens du beau. Biface et hachereau sont les outils emblématiques de cette culture, qualifiée « d'acheuléenne ». De nouvelles techniques de taille de la pierre apparaissent, comme la taille par percussion. Elles demandent une préparation méthodique pour dégager un éclat d'un bloc de pierre. La forme de l'éclat est déterminée avant même que ne débute le travail, qui est alors qualifié de « contrôlé ». Ces pratiques nécessitent un apprentissage et des savoir-faire complexes. Pour évaluer cette complexité, les archéologues expérimentent eux-mêmes les techniques employées.

Hachereau
Roche basaltique patinée
Erg de Tihodaïne, Sahara central, Algérie
Acheuléen, paléolithique moyen

Biface lancéolé micoquien
Rhyolite
Erg de Tihodaïne, Sahara central, Algérie
Acheuléen, paléolithique moyen

Une humanité encore plurielle

- 300 000 à - 10 000 ans

Chasseurs-cueilleurs nomades, les Hommes s'adaptent à une variété de climats et de milieux, qui vont des steppes froides aux littoraux, grâce à leurs connaissances de l'environnement (faune, flore et ressources en matières premières). Venant d'Afrique, *Homo sapiens* s'installe progressivement au Proche-Orient, en Asie, puis en Europe, territoire occupé par les néandertaliens. Il conquiert ensuite l'ensemble du globe. *Homo neanderthalensi*s et *Homo erectus* s'éteignent à cette époque : seul *Homo sapiens* perdure au sein du genre *Homo*. De nouveaux rapports s'instaurent entre les Hommes et la nature dont témoigne la domesticationdu chien pour la chasse, au Proche-Orient et en Chine depuis au moins 12 000 ans. L'autre nouveauté réside dans l'affirmation de traits culturels et sociaux qui permettent d'identifier des cultures ancrées dans des territoires : art pariétal, production d'objets domestiques parfois précieux, sépultures accompagnées d'offrandes, sculpture et gravure monumentale.

QUATRE ESPÈCES D'HOMME

***Homo neanderthalensis*,**
entre - 260 000 et - 28 000 ans
Cette espèce est la mieux documentée grâce au grand nombre de sites et de spécimens découverts. La croissance de ses représentants, plus rapide que celle d'*Homo sapiens*, et leur évolution morphologique sont bien connues. Leur squelette est robuste, doté d'une cage thoracique large, de membres courts et d'un crâne volumineux avec un bourrelet frontal. Les analyses ADN ont montré que certains néandertaliens avaient sans doute une peau pâle et des cheveux clairs. Ce sont des chasseurs organisés, connaissant bien leur environnement.

***Homo floresiensis*,**
entre - 110 000 ans et - 10 000 ans
Cette espèce de très petite taille n'est connue actuellement que sur l'île de Flores, en Indonésie. Contemporaine d'*Homo sapiens*, elle est sans doute le résultat d'une évolution sur place d'Hommes isolés sur cette île. Des outils en pierre taillée y ont été découverts. L'hypothèse la plus probable est qu'il s'agit de descendants d'*Homo erectus*, leur morphologie s'expliquant par un phénomène appelé « nanisme insulaire », bien connu pour la faune.

***Homo sapiens*,**
- 200 000 ans
Les *Homo sapiens*, premiers Hommes modernes, apparaissent en Afrique. Ils colonisent petit à petit les autres continents, remplaçant partiellement ou complètement les populations en place, comme les néandertaliens en Europe ou les *Homo erectus* en Indonésie. Cette espèce, la nôtre, a évolué

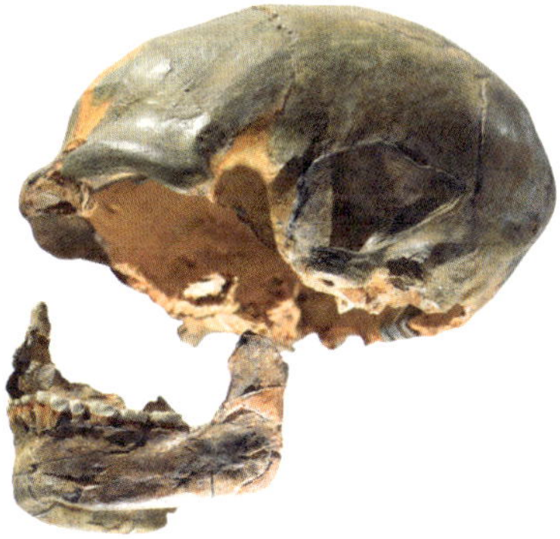

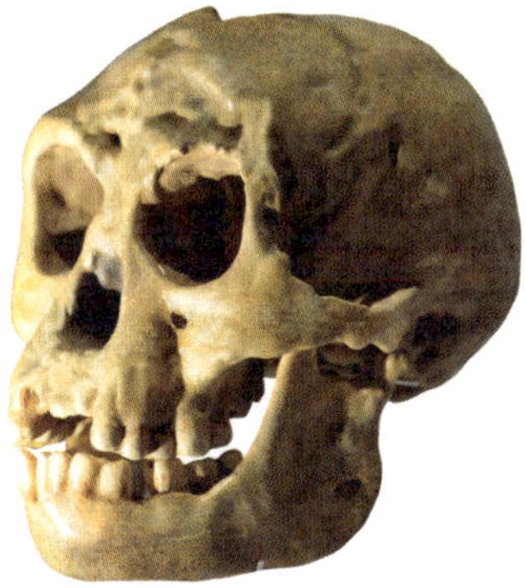

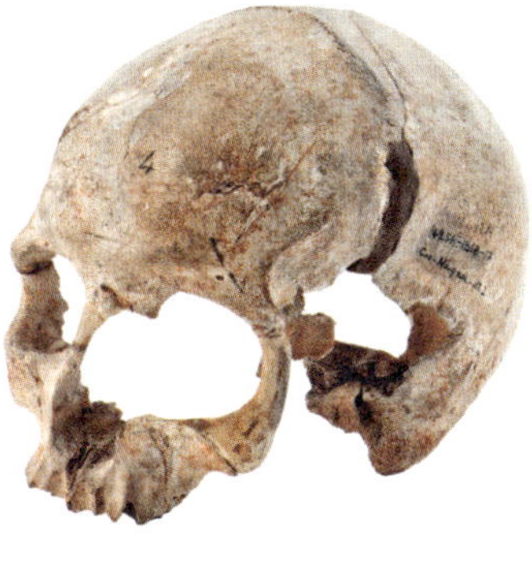

Homo neanderthalensis

Homo floresiensis

Homo sapiens

en fonction de l'environnement, des conditions de vie, du régime alimentaire et du brassage génétique, pour donner la diversité humaine que nous connaissons. Cette évolution se poursuit aujourd'hui.

***Dénisovien*, - 50 000 ans**
C'est la première fois qu'un membre de la lignée humaine, dont l'espèce n'est pas encore déterminée à l'aide de restes fossiles, est décrit uniquement grâce à des données génétiques, provenant de la phalange et d'une dent d'un individu trouvé à Denisova, dans le sud de la Sibérie. Cette espèce aurait une origine commune avec *Homo neanderthalensis*, mais elle s'en serait détachée entre 470 000 et 190 000 ans. Elle aurait été isolée durant 250 000 ans dans la région de l'Altaï (Asie centrale). Certaines populations mélanésiennes actuelles (Nouvelle-Guinée, aborigènes d'Australie, Asie du Sud-Est) possèdent 3 à 6 % de caractères génétiques issus de cette espèce.

VIVRE, CHASSER, PÊCHER

Les armes et la manière dont les chasseurs les emploient témoignent des rapports matériels et symboliques que chaque société entretient avec son environnement. Ainsi, les néandertaliens utilisent des épieux ou des lances avec des pointes en pierre, qui nécessitent de s'approcher au plus près des troupeaux. *Homo sapiens* se sert plutôt d'armes de jet, comme le propulseur ou le harpon, fabriquées dans des matières d'origine animale, qui permettent de rester plus éloignés des animaux. Les groupes humains vont jusqu'à plus de 100 kilomètres de leur habitat pour chasser. Cette grande mobilité incite à développer un armement plus léger, facile à remplacer et à fabriquer en déplacement. Les armes sont composites : les pointes sont ajoutées ou remplacées en fonction des besoins. Elles sont fabriquées en série selon des méthodes très standardisées, avec des matériaux soigneusement choisis pour leur qualité ou leur résistance. Ceux-ci sont parfois récoltés très loin des habitats.
La trousse à outils se diversifie, s'élargit, se spécialise. Certains objets, comme les galets aménagés, hérités de périodes plus anciennes, perdurent. D'autres formes apparaissent ou disparaissent au gré des nécessités et des cultures du paléolithique supérieur (- 39 000 à - 10 000 ans avant notre ère). Ces objets servent aux activités domestiques, à l'artisanat et à la fabrication d'autres outils. Les archéologues considèrent que cette diversification des formes des outils s'explique par une spécialisation dans leur fonction (trancher, percer, gratter, etc.).
Une des innovations d'*Homo sapiens* est le travail du bois de cervidé (cerf ou renne) pour fabriquer armes et objets du quotidien, et pour travailler cette matière, de nouveaux outils sont inventés. Cette nouvelle industrie évolue et se développe tout au long du paléolithique récent (35 000 à 12 000 ans avant notre ère). Le renne est d'ailleurs l'animal emblématique de cette période longtemps appelée « âge du renne ».
Enfin, premier animal à être entré en familiarité avec l'Homme, le chien est domestiqué en Europe, au Proche-Orient et en Chine depuis au moins 12 000 ans. Sa nature de prédateur, ses capacités cognitives et son organisation sociale lui ont permis de vivre avec les Hommes. Auxiliaire de chasse, puis animal familier puis domestique, il est dressé pour défendre ou garder un troupeau.
De nombreuses sociétés lui prêtent également des pouvoirs surnaturels.

3

6

7

1

8

9

4 5

2

Paléolithique récent

1. Bâton percé
Bois de renne
Site de La Madeleine, Tursac
Dordogne, France

2. Bâton percé
Bois de renne
Abri de Laugerie-Basse,
Les Eyzies-de-Tayac
Dordogne, France

3. Aiguille à chas
Os
Grotte de Montgaudier, Montbron
Charente, France

4. Aiguille à chas
Bois de cervidé
France

5. Aiguille à chas
Bois de cervidé ou os
Abri de Laugerie-Basse,
Les Eyzies-de-Tayac
Dordogne, France

6. Harpon plat
Bois de cervidé
Grotte du Mas d'Azil
Ariège, France

7. Harpon
Bois de renne
Site de La Madeleine, Tursac
Dordogne, France

8. Pointe de sagaie à base fourchue
Bois de renne
Abri de Laugerie-Basse,
Les Eyzies-de-Tayac
Dordogne, France

9. Pointe de sagaie
de type Lussac-Angles
Bois de renne
Grotte de Montgaudier, Montbron
Charente, France

Vivre, pêcher, chasser au Paléolithique en Europe Les Hommes tirent parti de leur environnement pour fabriquer de nouveaux outils et armes, et commencent à entrer en familiarité avec le loup/chien, compagnon privilégié du chasseur.

Vivre, chasser, pêcher sur son territoire, en Europe
L'ENVIRONNEMENT AU PALÉOLITHIQUE
LES ARMES ET LES OUTILS
LA DOMESTICATION DU LOUP
Les Hommes du Paléolithique moyen et supérieur (-300 000 à -10 000 ans) ont été confrontés à d'importants changements climatiques, avec une succession de périodes glaciaires et plus tempérées. Ils ont su s'adapter grâce à leurs connaissances de l'environnement (faune, flore et ressources en matières premières). Chaque culture a ainsi développé des techniques efficaces et des modes de vie variés.

VIE, MORT ET OBJETS SYMBOLIQUES AU PALÉOLITHIQUE

Les sépultures apparaissent il y a 100 000 ans dans les populations néandertaliennes et d'*Homo sapiens*. Les corps sont disposés avec soin et protégés ; ils sont parfois accompagnés d'offrandes ou recouverts de colorant. Ces rituels témoignent d'une certaine spiritualité. Ils impliquent également d'avoir accès à des représentations symboliques. De nombreuses sépultures d'Hommes de Néandertal ont été retrouvées. Au moins 38 dépôts de vestiges humains avec plusieurs sépultures sont connus dans les différentes zones géographiques qu'ils habitaient. Les sépultures des *Homo sapiens* sont diversifiées : ajouts de dalles, dépôts d'offrandes. Elles reflètent la montée du pouvoir symbolique collectif et placent le corps au centre des préoccupations métaphysiques et des représentations. Les éléments de parure retrouvés dans les sépultures permettent de mieux saisir les recherches esthétiques et peut-être les différenciations sociales qui existaient chez les Hommes préhistoriques. En Europe, on observe une diversification spectaculaire des ornements au cours de l'Aurignacien (- 39 000 à - 28 000 ans). La parure dans ces sociétés sans écriture était un langage et un marqueur social efficace entre individus du même groupe.

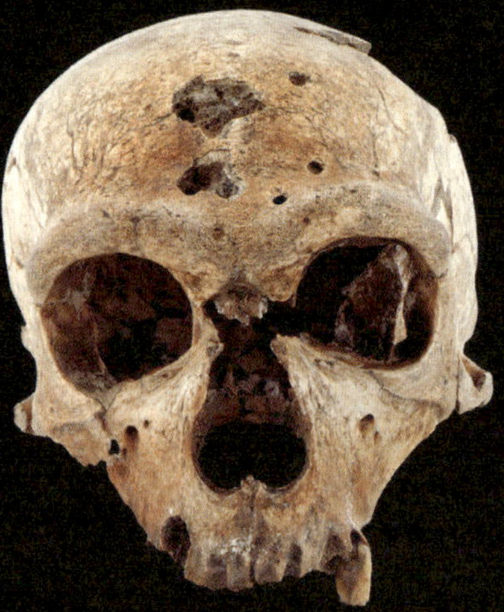

L'Homme de La Chapelle-aux-Saints
Homo neanderthalensis
Os fossile
La Chapelle-aux-Saints, Corrèze, France,
Vers - 45 000 ans

Premier Homme de Néandertal retrouvé en France, en 1908, par les frères Bouyssonnie, il est étudié au Muséum de Paris par Marcellin Boule. Ce savant, influencé par les théories de son époque, lui prête alors des traits bestiaux et primitifs (voir la reconstitution p.91). Des études montrent aujourd'hui qu'il s'agit d'un vieillard édenté et souffrant d'arthrite. Il devait compter sur les siens pour se nourrir et se déplacer. Il a été inhumé dans un abri. Cette entraide et ces soins contredisent les premières hypothèses émises.

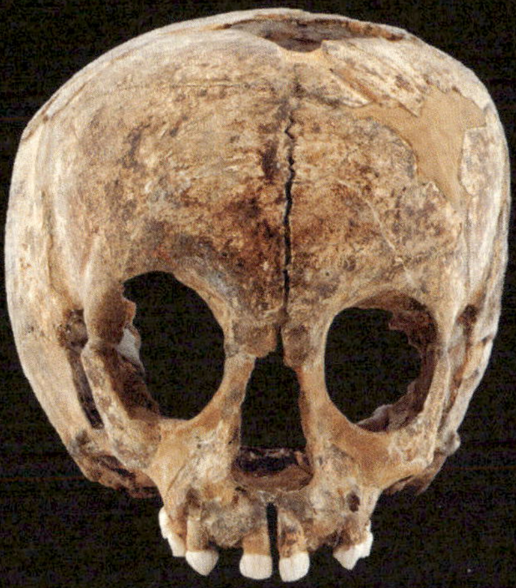

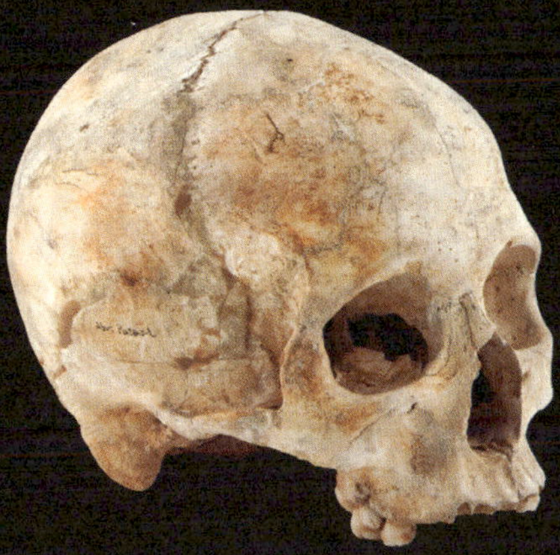

L'enfant du Pech-de-l'Azé
Homo neanderthalensis
Os fossile
Pech-de-l'Azé, Dordogne, France,
Vers – 50 000 ans

Le crâne de cet enfant néandertalien a été découvert en 1909 par Denys Peyrony. Il a été inhumé dans un abri-sous-roche. Des traces d'ocre retrouvées près de son corps montrent qu'il a sans doute bénéficié d'un rite funéraire. L'acte d'inhumer ainsi un enfant relève d'un comportement complexe et symbolique.

La femme de l'abri Pataud,
Homo sapiens
Os fossile
Abri Pataud, Dordogne, France
Vers – 22 000 ans

Cette femme d'une vingtaine d'années a été retrouvée près d'un nouveau-né. Elle a été inhumée avec deux autres adultes, un autre nouveau-né et un enfant. Les parures de perles en ivoire de mammouth et les traces d'ocre découvertes à proximité montrent qu'ils ont été enterrés selon un rite funéraire complexe.

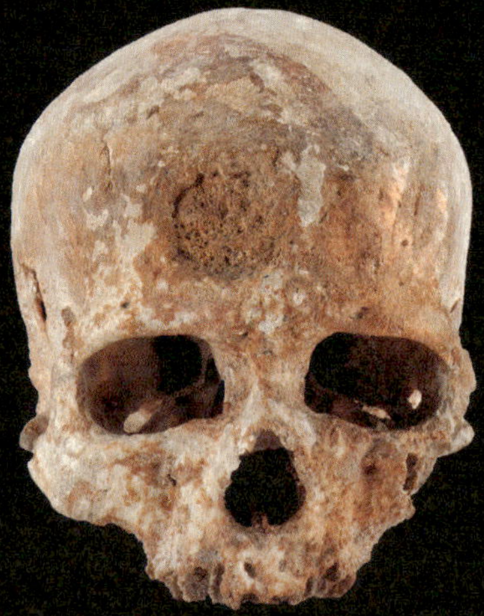

Collier dit « de Cro-Magnon »
Littorines percées et ivoire de mammouth
Abri Cro-Magnon, Dordogne, France
Vers - 28 000 ans

Ce collier est une reconstitution faite à l'époque de la découverte de la sépulture et de son matériel funéraire : coquillages percés, outils en pierre taillée et os d'animal gravé. Enthousiaste, le ministre de l'Instruction publique, Victor Duruy, donna l'ordre que tous les objets et parures retrouvés soient envoyés dans plusieurs musées français, afin d'en faire bénéficier le plus grand nombre.

Cro-Magnon I dit le vieillard,
Homo sapiens
Os fossile
Abri Cro-Magnon, Dordogne, France
Vers - 28 000 ans

Ce crâne appartenait à un homme d'environ 40 ans, de grande taille et malade. Découvert en 1868, avec trois autres adultes et un enfant, il est inhumé avec des outils en pierre et des éléments de parures de coquillages. La sépulture fit instantanément parler d'elle : pour la première fois des Hommes préhistoriques semblables aux Hommes modernes avaient été trouvés !

Crâne de la dame du Cavillon
Os fossile, ocre, coquillages
Grotte du Cavillon, Grimaldi, Italie
Vers - 30 000 ans

Sépulture de la dame du Cavillon (moulage)

En 1872, un squelette complet est exhumé par Émile Rivière dans la grotte du Cavillon. Il présente plus de 200 coquillages sur le crâne, qui proviendraient d'un vêtement dont le tissu se serait dissous ou d'une parure de tête. Son corps est recouvert d'un colorant rouge, l'hématite, accompagnant le rituel funéraire. Ce squelette plutôt grand a longtemps été attribué à un homme, avant que les chercheurs ne s'aperçoivent qu'il s'agissait en fait d'une femme !

L'ART DES OBJETS DE LA PRÉHISTOIRE

L'art mobilier, c'est-à-dire toutes les représentations artistiques présentes sur des supports transportables ou mobiles, se développe en même temps que celui des grottes, au paléolithique supérieur (35 000 à 12 000 ans avant notre ère). Foisonnant et subtil, parfois étrange, comportant plusieurs styles bien reconnaissables, il s'inscrit dans un univers symbolique dont le sens nous échappe. La fonction de ces objets finement gravés de représentations humaines ou animales reste inconnue. Les représentations de grands mammifères sont les plus fréquentes, mais on connaît également des petits mammifères, des poissons, des oiseaux, des reptiles, des batraciens, quelques rares insectes, des motifs géométriques et peut-être quelques végétaux. La finesse des incisions pour figurer les détails des pelages, le trait précis de chaque motif témoignent de la grande maîtrise d'exécution des artistes. Leur source d'inspiration provient de l'environnement dans lequel ils vivent, sublimant ainsi les particularités de chaque espèce. Situés parfois dans des endroits difficiles d'accès, les décors peints des grottes se révèlent un art riche et énigmatique. L'artiste utilisait des colorants naturels pour donner vie et mouvement à ses représentations. C'est la première fois dans l'histoire de l'humanité que l'image dessinée, peinte ou gravée incarne un sens profond.

Vénus dite « impudique »
Ivoire de mammouth
Abri de Laugerie-Basse,
Les Eyzies-de-Tayac,
Dordogne, France

En 1864, le marquis Paul de Vibraye met au jour la « Vénus impudique », sculpture en ivoire de mammouth d'une frêle jeune fille nue. Il s'agit de la première représentation humaine préhistorique découverte. Par la suite, de nombreuses statuettes féminines seront retrouvées, et l'on qualifiera parfois de « Vénus » les silhouettes peintes sur les parois des grottes.

1

2

3

4

5

6

Culture magdalénienne (- 17 000 à - 12 000 ans)

1. Contour découpé, tête de cheval
Os hyoïde de cheval
Abri de Laugerie-Basse
Les Eyzies-de-Tayac,
Dordogne, France
Dépôt de la Société préhistorique française

2. Tête de renne
Bois de renne
Abri de Laugerie-Basse
Les Eyzies-de-Tayac,
Dordogne, France
Dépôt de la Société préhistorique française

3. Galets peints
Schiste
Grotte du Mas d'Azil,
Ariège, France

4. Baguette demi-ronde ornée de motifs en volutes profondément gravés
Bois de renne
Grotte des Harpons
Lespugue, Haute-Garonne,
France

5. Sauterelle, oiseau, animaux indéterminés et motifs géométriques gravés
Os, fragment de diaphyse
Grotte d'Enlène
Montesquieu-Avantès,
Ariège, France

6. Salamandre (ou triton) gravée et sculptée
Bois de renne
Abri de Laugerie-Basse
Les Eyzies-de-Tayac,
Dordogne, France
Dépôt de la Société préhistorique française

Bâton percé de Montgaudier
Bois de renne
Grotte de Montgaudier, Montbron, Charente, France
Vers 15 000 ans
Magdalénien - paléolithique supérieur
Collection Eugène Paignon

Cet objet est gravé d'animaux rarement représentés dans l'art préhistorique : phoques et serpent ou anguille. Un saumon et des bouquetins schématiques vus de face complètent le décor.
On ne connaît pas la fonction précise des bâtons percés. Des dizaines d'hypothèses ont été formulées depuis le XIXe siècle, notamment celle de redresseur de pointes de sagaies à chaud. Cette pièce a été présentée à l'Exposition universelle de 1900, qui met en avant et scelle le destin de la science préhistorique, désormais comptée parmi les disciplines permettant de mieux connaître l'Homme et son passé.

Le mammouth de La Madeleine
Ivoire de mammouth
La Madeleine, Tursac, Dordogne, France
Vers 15 000 ans
Magdalénien - paléolithique supérieur

Découverte fortuitement en 1864 par Édouard Lartet, cette plaque d'ivoire gravée d'un mammouth, remarquable et unique, eut un retentissement important dans le monde scientifique de la fin du XIXe siècle. Elle est exposée à la place d'honneur dans la vitrine consacrée à l'art dela préhistoire, dans la galerie consacrée à l'histoire du travail de l'Exposition universelle de 1867. Pour la première fois, la coexistence de l'Homme avec des animaux disparus était prouvée, inaugurant ainsi les débuts de la science préhistorique.

Propulseur aux bouquetins affrontés
Bois de renne
Grotte d'Enlène, Montesquieu- Avantès, Ariège, France
Vers 15 000 ans
Magdalénien - paléolithique supérieur
Collection Henri Bégouën

Cette ronde-bosse faisait partie d'un objet qui servait à propulser les sagaies lors de la chasse. L'outil a été cassé probablement lors de son utilisation. L'artiste s'est servi de la forme particulière de la matière première, une empaumure de bois de renne, pour disposer les animaux en symétrie bifaciale. Leurs têtes devaient être fabriquées séparément et se sont perdues.

Vénus de Lespugue
Ivoire de mammouth
Grotte des Rideaux, Lespugue, Haute-Garonne, France
Vers 23 000 ans
Gravettien - paléolithique supérieur

Cette exceptionnelle statuette a été découverte par René de Saint-Perrier dans un habitat préhistorique, vers le fond de la grotte des Rideaux à Lespugue, à l'écart du foyer. Elle est faite d'un emboîtement de volumes anatomiques, organisé en respectant une symétrie. Des traits finement gravés ont été interprétés, tantôt comme un pagne, tantôt comme une chevelure. En retournant cette statuette, on peut, en effet, y lire une autre figure. Son utilisation reste inconnue.

Paul-Joseph Jamin,
***La Fuite devant le mammouth*, 1885**

REPRÉSENTATIONS DE L'HOMME PRÉHISTORIQUE

L'image la plus commune de l'Homme préhistorique est celle d'un être à demi nu, violent et agressif, vivant dans un monde hostile et brandissant une massue. Ce stéréotype continue d'être véhiculé dans de nombreuses œuvres artistiques, depuis l'époque des peintres académiques jusqu'au cinéma actuel. Les essais de représentation scientifique de ces Hommes ne sont pas non plus exempts de partis pris : ils illustrent les théories dominantes en vigueur.

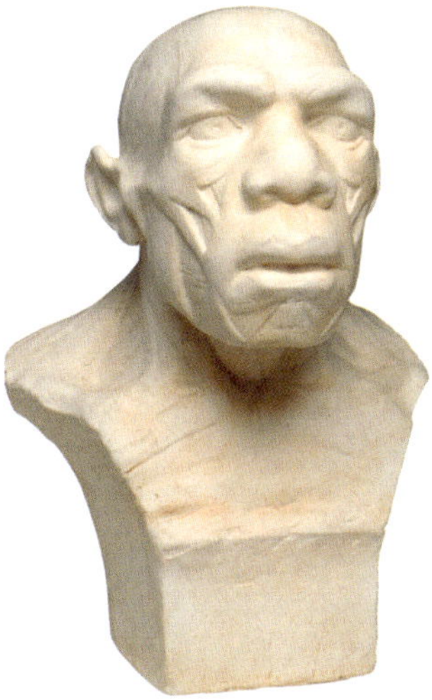

L'Homme de Néandertal de La Chapelle-aux-Saints
M. Boule et J. Durand
Plâtre
France, 1921

Cette reconstitution « des muscles de la tête et du cou de l'*Homo neanderthalensis* de La Chapelle-aux-Saints » (voir p. 82) a été réalisée sous la conduite de Marcellin Boule, lors de l'étude publiée entre 1911 et 1913. Elle a fait référence pendant 50 ans. L'homme représenté est proche du singe et affiche un air bestial. Selon les analyses récentes, les restes étudiés sont en fait ceux d'un vieillard atteint d'arthrose déformante, qui a bénéficié de l'aide de ses proches et qui a été inhumé.

Reconstitution de l'Homme de Cro-Magnon
Anonyme
Plâtre colorié
Les Eyzies- de-Tayac, France, 1890
Collection Ernest-Théodore Hamy

Reconstitution du type de l'Homme de Néandertal
Anonyme
Plâtre colorié
France, 1921
Collection Ernest-Théodore Hamy

Depuis 10 000 ans...

Il y a 10 000 ans, au néolithique, des changements majeurs vont bouleverser les modes de vie. De nouvelles relations à l'environnement se mettent en place. De nombreuses espèces animales et végétales sont domestiquées. Pour la première fois, l'Homme va anthropiser les paysages, laisser sa marque sur les espèces animales et végétales, en cherchant à modeler la nature pour ses besoins. Dans certaines régions, des communautés humaines adoptent l'agriculture, défrichent de nouvelles terres, deviennent plus sédentaires, et accélèrent leur croissance démographique, modifient leur alimentation et étendent l'emprise sur leurs territoires. Des enceintes protègent les villages puis les villes, les guerres se multiplient. Les premières routes commerciales sont construites, permettant les échanges, mais apportant aussi des espèces invasives et des épidémies. Ce phénomène étonne par son développement dans presque toutes les communautés humaines, seules quelques sociétés choisissant de rester nomades et de continuer à vivre de chasse, de cueillette et de commerce. Il s'agit d'un des premiers phénomènes de mondialisation, qui fait écho à celui que nous vivons actuellement.

DOMESTIQUER LES PLANTES ET LES ANIMAUX

Les débuts de l'agriculture et de l'élevage modifient les paysages. Ils font émerger les premières lignées de plantes et d'animaux domestiques, dans plusieurs régions du monde, au même moment ou à des époques différentes. Les espèces domestiquées sont alors peu nombreuses. Le choix dépend de la biologie de la plante ou de l'animal, de l'environnement local et des traditions culturelles de chacune des sociétés humaines. La domestication des espèces est un processus lent, précédé d'une longue période de culture des ancêtres sauvages. Elle met en jeu des techniques et des savoirs sans cesse améliorés au fil des générations.
Elle entraîne des modifications biologiques plus ou moins immédiates.
Chez les animaux, celles-ci s'expriment par une diminution de la taille, une réduction de la face et de la capacité crânienne comme chez le porc et, chez les capridés, par une transformation de la forme des cornes.
L'agriculture, quant à elle, nécessite l'acquisition de nouvelles connaissances sur le cycle des plantes et la fertilité des sols. Longtemps avant d'adopter une alimentation basée sur l'agriculture, les populations préhistoriques commencent à prélever, puis à cultiver certaines plantes sur de petites surfaces, réparties à proximité des habitats et exploitées de façon intensive. De nouveaux outils à bras, puis à traction animale, sont inventés pour défricher les terres et planter. La faucille est utilisée pour moissonner et le *tribulum* pour séparer le grain de la paille.

***Tribulum* ou planche à dépiquer le riz**
Bois et fer
Méditerranée
xxe siècle
Dépôt du MuCEM, Marseille

Chèvre domestique, *Capra hircus*
xixe-xxe siècle

Chèvre sauvage, *Capra aegagrus*
xxe siècle

Des animaux, des plantes et des sociétés
Chaque société construit un univers symbolique autour des animaux et plantes domestiqués. Quant à l'abeille, est-ce un animal domestique ?

Des animaux des
des sociétés
L'abeille, entre nature et culture

DES ANIMAUX, DES PLANTES, DES SOCIÉTÉS

À partir du néolithique, chaque communauté élabore ses propres pratiques d'élevage et d'agriculture, qui sont autant de marqueurs identitaires et culturels. Ces « manières de faire » sont l'objet de représentations symboliques éclairant les relations que les Hommes entretiennent avec la nature. En effet, derrière l'animal élevé ou la plante cultivée, derrière l'objet usuel ou festif, derrière la cérémonie ou le rite, se cachent une société, ses rapports sociaux, ses symboles et ses normes.

La domestication des animaux

Les bovins sont domestiqués pour leur viande et leur lait, puis pour leur force de traction. Ils produisent aussi de la fumure pour enrichir les sols. Leur force physique en fait des symboles de puissance et de richesse : on exhibe le bœuf gras, gage de prospérité de la ferme qui l'a élevé ; on représente des taureaux ou des vaches aux pis démesurés dans l'art rupestre du néolithique. Le bœuf devient aussi une figure protectrice de la maison.
Le cheval occupe une place particulière dans nos imaginaires collectifs. Réputé pour sa force de traction et son endurance, il peut être monté sur de longues distances. Il permet de rapprocher des cultures éloignées en ouvrant de nouvelles voies de communication. Très rapidement, sa puissance se conjugue avec sa valeur économique pour en faire un emblème prestigieux au service des classes dominantes.

symboliques du blé

Le blé, comme toutes les céréales, possède une grande puissance symbolique dans nos sociétés occidentales. Associé à Pâques, il est signe de renaissance de la nature et de résurrection. Les semailles évoquent prospérité et richesse. Le pain offert aux mariés orthodoxes par leurs parents relève de cet imaginaire, tout comme la représentation symbolique de l'ancêtre par une gerbe de blé tressée.

Entre le sauvage et le domestique

Les abeilles sont à la frontière du sauvage et du domestique. Au néolithique, leur cire était largement utilisée pour imperméabiliser les poteries. Jusqu'au XIXe siècle, leur « élevage » ressemble à une prédation : les essaims étaient capturés puis relogés dans des ruches. La « récolte » du miel et de la cire entraînait souvent la destruction des colonies. L'invention des casiers mobiles, en France et aux États-Unis, en 1851, permet de récolter les produits de la ruche sans sacrifier les insectes.

Ruche en forme de saint Ambroise, patron des apiculteurs
Osier
Pays-Bas
Fin du XXe siècle

Ruche à cadre mobile,
dite « Dadant »
Bois, peinture et cire d'abeille
Savoie, France
Fin du XXe siècle

Ruche en paille à deux corps
Paille, fibres végétales,
poignée en bois
Berry, France
Fin du XXe siècle

Œuf pascal décoré d'épis de blé
Coquille, peinture
Ukraine
Fin XXe siècle

Didoukh, représentation
d'ancêtre
Blé tressé, ruban
Ukraine
XXIe siècle

Prélèvement de peinture
rupestre avec bovin
Grès quartzite
Lesotho, Afrique du Sud
Néolithique
(de 5 000 à 1 000 ans de notre ère)

Prélèvement de peinture
rupestre avec bovin
Grès quartzite
Lesotho, Afrique du Sud
Néolithique
(de 5 000 à 1 000 ans de notre ère)

DOMESTIQUER LE MINÉRAL, TRANSFORMER LES PAYSAGES

Avec la néolithisation, l'exploitation des matières minérales ou du bois prend une nouvelle ampleur. Les innovations techniques voient le jour et se diffusent de proche en proche, au cours du temps, au gré des contacts qui se créent entre les populations. De nouveaux modes opératoires sont conçus pour fabriquer de nouveaux objets. Le polissage de la pierre se perfectionne, les outils servent au défrichement pour les terres destinées à l'agriculture qui imprime des transformations au paysage.
Dans nos régions, la découverte de la métallurgie constitue une innovation majeure. Un savoir-faire très spécialisé permet de transformer les minerais de cuivre et d'étain en bronze, nom donné à la période qui voit son développement (2 200 à 800 ans avant notre ère).
Ce savoir-faire a favorisé l'accumulation de richesses, source de la hiérarchisation sociale. Le contrôle des réseaux d'échanges renforce la position dominante des élites. De nombreux objets en bronze ont été trouvés au fond des cours d'eau : ils étaient offerts aux divinités du fleuve lors de rituels. Les hommes y jetaient des armes, le plus souvent volontairement brisées, et les femmes des parures.
La céramique est le premier « art du feu » développé par les Hommes. Dès la fin du paléolithique, elle est utilisée dans la sphère domestique en Extrême-Orient et en Afrique. Au Proche-Orient et en Europe, elle n'apparaît qu'au début du néolithique. Très vite, les formes et décors des poteries deviennent non seulement des marqueurs culturels, mais aussi des moyens d'expression artistique.

Dépôts votifs masculins
France
Âge du bronze (– 2 200 à – 800 ans avant notre ère)
1. Pointe de lance à douille
2. Épingle à tête roulée
3. Épée à massette
4. Pointe de lance

5. Dépôt votif féminin - Épingle
France
Âge du bronze

6. Pendeloque en forme de crâne de mouflon
Russie
Âge du bronze
Dépôt du musée d'Archéologie nationale

1

4

7

2

5

8

9

3

6

10

1. Bol
Suisse
Néolithique (– 10 500 à – 2 200 ans avant notre ère)

2. Vase
Période Jomon initial
Japon
Néolithique

3. Coupe à pied
Période Jomon
Japon
Néolithique

4 et 5. Jarres funéraires
Chine
Néolithique

6. Vase dit « black top »
Égypte
Néolithique

7. Gaine de hache
France
Néolithique

8. Hache polie
France
Néolithique

9. Lame retouchée
France
Néolithique

10. Hache polie
Afrique
Néolithique

NÉOLITHIQUE ET ÂGE DES MÉTAUX, DES SOCIÉTÉS EN MUTATION

L'ensemble des territoires est progressivement investi et contrôlé par les Hommes. Des innovations techniques favorisent la mise en place des échanges entre les cultures. Ces derniers s'intensifient et se diversifient, notamment entre les groupes nomades et les sociétés sédentaires. L'apparition et la diffusion de l'écriture, la naissance de nouvelles divinités ainsi qu'une hiérarchisation croissante dont témoignent les sépultures, parfois dotées d'un riche mobilier, bouleversent les rapports sociaux dans la plupart des communautés.

Les routes commerciales et la guerre

La circulation d'objets en matière précieuse, comme les grandes haches alpines en jade ou les longues lames en silex du Grand-Pressigny, est organisée dans toute l'Europe. La création des routes d'échanges est favorisée par de nouveaux moyens de transport : bateaux, chars à deux ou quatre roues. Le contrôle de ces voies engendre une montée en puissance de chefs locaux, l'accroissement des inégalités sociales et, parfois, des guerres entre communautés.

Cavalier et guerrier
Bronze
Entre – 3 300 et – 2 400 ans
Dépôt du musée d'Archéologie nationale

La révolution des symboles : l'écriture et les dieux

L'apparition de nouvelles divinités et de cultes régionaux marque une rupture avec les périodes précédentes. Une corrélation forte existe entre l'avènement des civilisations agro-pastorales et la naissance de divinités liées à la Terre ou à la fécondité. Ce fait dénote un profond changement mental, qui expliquerait les modifications de modes de vie. Parallèlement, la hiérarchisation de la société ou la spécialisation des tâches des individus favorisent la naissance des premières formes d'écriture.

Les transformations du corps

L'alimentation, plus riche en céréales, modifie les apports en sucre et favorise souvent l'apparition des caries. Autre nouveauté : la trépanation, qui consiste à prélever une rondelle d'os crânien. Elle se développe dans certaines cultures néolithiques. Paul Broca défend dès 1876 l'existence d'une chirurgie préhistorique. Mais d'autres scientifiques contesteront cette hypothèse, y voyant plutôt une pratique rituelle. On estime le taux de survie des « patients » à près de 80 %, ce qui montre une technique maîtrisée.

Idoles aux yeux
Albâtre
Tell Brak, Syrie
Entre - 3 300 et - 3 000 ans

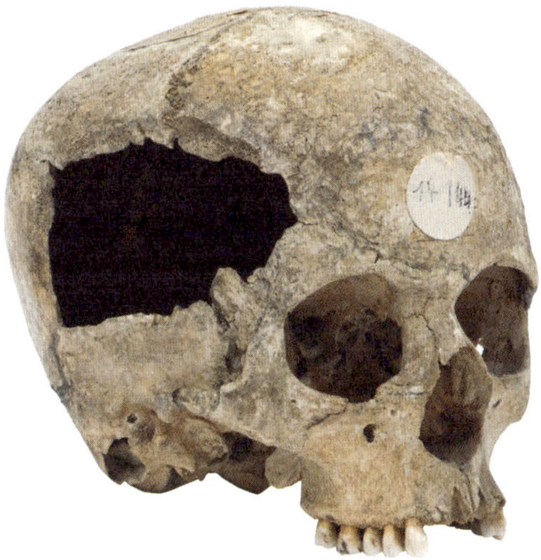

Crâne trépané
Grotte de l'Homme mort
Lozère, France
Entre - 3 300 et - 2 400 ans

À LA DÉCOUVERTE DES FRESQUES DE LA TASSILI N'AJJER

À la fin du XIXe siècle, au hasard des explorations coloniales, les Occidentaux découvrent l'art rupestre du Sahara. En 1934, les premiers croquis rapportés par le lieutenant Charles Brenans révèlent un art foisonnant, façonné par des millénaires de présence humaine. Si le projet d'un inventaire systématique est décidé, sa réalisation ne sera effective qu'à partir de 1956. Pendant quinze ans, Henri Lhote et ses équipes vont réaliser le relevé des peintures en employant une technique de calques rapportés sur papier, puis teints à la gouache. Aujourd'hui, ces relevés constituent le témoignage d'un art menacé par la dégradation des sites. Les peintures rupestres sahariennes datent du néolithique, et leur majeure partie a été exécutée aux 5e et 4e millénaires avant notre ère. Elles peuvent être classées chronologiquement en plusieurs périodes selon leur style. Ainsi, le premier style est celui dit des « têtes rondes ». Il est suivi de plusieurs styles pastoraux, mettant en scène des troupeaux de vaches dans un environnement vert et humide. Arrivent ensuite les représentations de chevaux de la période caballine, qui montrent également que l'aridité s'installe dans la région. Enfin, le style camélin, avec ses représentations de dromadaires et de palmiers dattiers, est le plus récent.

Scène de chasse
Papier cartonné, gouache, aquarelle
Tassili n'Ajjer, Algérie

OÙ ALLONS-NOUS ?

« L'avenir de l'humanité reste indéterminé parce qu'il dépend d'elle. » — Henri Bergson

Ancrée dans le contemporain, la troisième partie du parcours se propose d'offrir aux visiteurs des clés de lecture pour mieux comprendre le monde d'aujourd'hui et les défis à relever pour demain.
Les bases du monde actuel sont posées dès la fin du néolithique : urbanisation, développement des connaissances et des techniques, accroissement de la population, augmentation des échanges ont peu à peu transformé l'être humain et son milieu. La graduelle mise en relation des différentes régions du monde a conduit à l'actuelle mondialisation. En effet, depuis deux siècles, la densification des flux et la circulation croissante des productions créent des réseaux planétaires – et le monde semble s'homogénéiser. Tous les ports, stades ou quartiers d'affaires des grandes villes ne se ressemblent-ils pas ? Allons-nous pour autant tous vivre de la même façon ?

Quelques exemples rappellent que les sociétés et les identités ont toujours été remaniées au fil des échanges et des relations nouées. Aussi peut-on observer que la diffusion d'éléments standardisés permet également leur réappropriation au sein de sociétés qui restent diverses ; elle génère même de nouvelles différenciations.
Une autre préoccupation a pris une place majeure au cours des cinquante dernières années : l'impact que nous avons sur notre environnement, radicalement amplifié et accéléré par l'industrialisation et la mondialisation. Plus conscients des enjeux liés à nos activités et du rôle que nous avons à jouer pour qu'elles restent soutenables à l'échelle planétaire, nous devons envisager la dynamique des sociétés en tenant compte de l'utilisation des ressources naturelles. Notre planète peut-elle supporter la généralisation d'un mode de vie industrialisé ?

Enfin, quel est réellement l'avenir de notre espèce, dans un monde que nous ne cessons de transformer et qui nous transforme en retour ? L'évolution biologique de l'espèce humaine n'a jamais cessé et continue toujours. Nos corps biologiques sont liés à des environnements de plus en plus « artificialisés » par la main de l'Homme : alimentation industrielle, modes de vie sédentaires, interventions sur la reproduction, pollutions, quête d'un Homme choisi et amélioré en agissant sur le génome humain. Aussi, l'exposition interroge finalement ce qui constitue désormais le défi inédit de notre espèce : l'Homme saura-t-il s'adapter au monde qu'il a façonné, et donc, en quelque sorte, à lui-même ?

Un monde globalisé dans la diversité

« Je suis persuadé que, dans la mondialisation et l'uniformisation, l'identité n'est pas morte. Elle se réveillera.. » — Aimé Césaire

La mondialisation, à l'œuvre depuis les années 1950, s'inscrit dans un processus historique qui commence peu avant le XVIe siècle. Jusqu'à la fin du XVe siècle, des aires culturelles coexistent sans contact les unes avec les autres. Mais avec les grandes explorations autour du globe, s'instaurent des relations continues entre l'Europe et les autres parties du monde. À partir de 1850, l'industrialisation européenne et le colonialisme amplifient ce mouvement : les échanges économiques et les migrations s'accroissent. Depuis 1950, tout s'accélère : la population mondiale augmente rapidement, l'exploitation des ressources s'intensifie et les échanges à l'échelle planétaire se généralisent. La mondialisation est là.

Les superpuissances dominent le monde, 1945

Le monde d'aujourd'hui : multipolaire, globalisé et ultra-connecté.

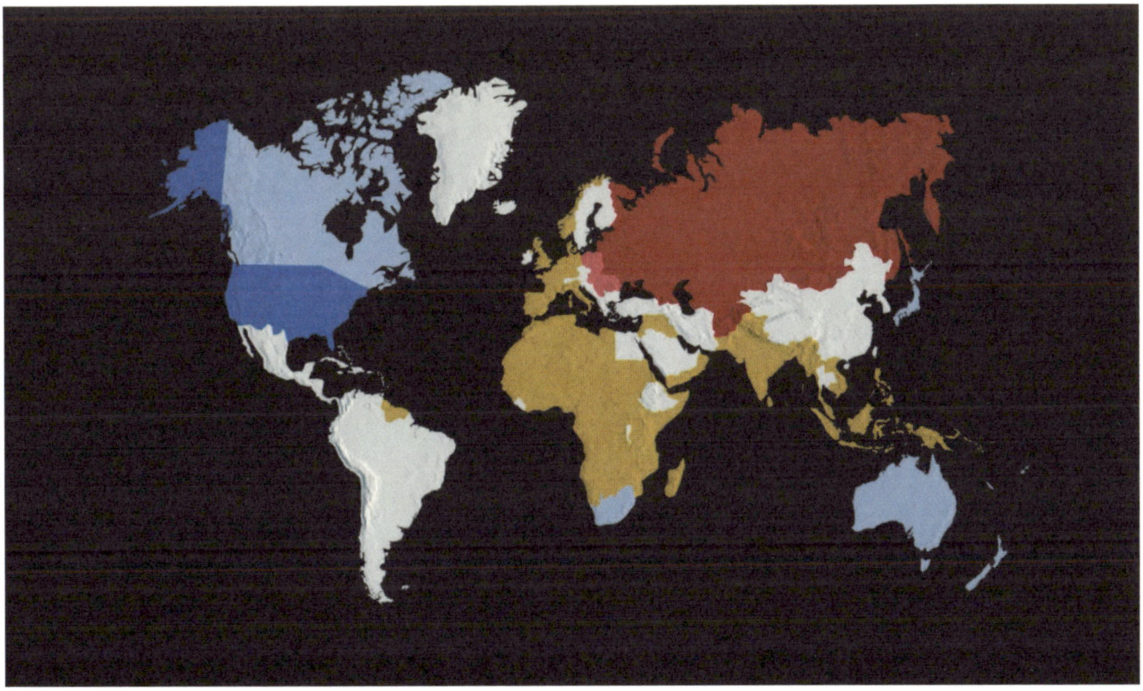

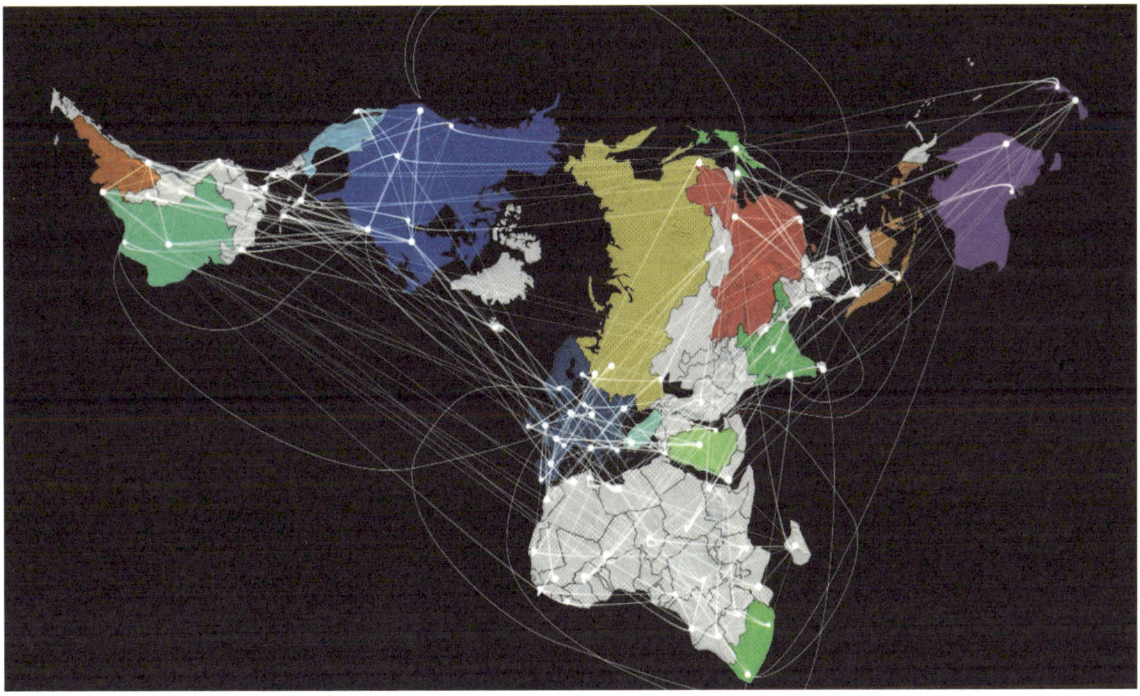

MONDIALISATION ET AFFIRMATIONS IDENTITAIRES

Avec la mondialisation, le monde semble s'homogénéiser. Les mêmes objets se retrouvent aux quatre coins de la planète. Mais les identités locales se recomposent. En constante évolution, elles se façonnent au fil des relations et des échanges. Notre monde industrialisé et ses technologies de l'information facilitent les contacts entre cultures et la diffusion des objets de consommation. Les flux de la mondialisation actuelle démultiplient les possibilités de générer de nouvelles différences par la réappropriation des éléments diffusés. Les sociétés s'approprient les éléments venus d'ailleurs. Elles les adoptent ou les refusent, les adaptent, les personnalisent, les marquent de leurs propres identités : mondialisation ne veut pas dire uniformisation, elle produit des différences.

Histoire de la circulation du riz

La moitié de l'humanité dépend du riz pour son alimentation. L'espèce originaire de Chine (*Oryza sativa*) est aujourd'hui consommée dans le monde entier, tandis que l'espèce de riz originaire d'Afrique de l'Ouest (*Oryza glaberrima*) s'est peu diffusée. Il y a 10 000 ans, en Chine, les hommes commencent à domestiquer le riz de l'espèce *Oryza sativa*. Sa culture se généralise ensuite dans toute l'Asie tropicale. Le riz devient la céréale de base de l'alimentation, au point que l'on parle de « civilisation du riz ». Il y a 2 400 ans environ, suivant les routes commerciales de l'Inde, le riz arrive en Iran où il devient un aliment de prestige. Aujourd'hui, il entre encore dans la composition des plats de fête. Mais il est également consommé quotidiennement dans la plupart des villes iraniennes. Le riz arrive en Europe au Moyen Âge au xe siècle, soit deux siècles après la conquête de l'Espagne par les Arabes. Il commence à être cultivé dans les zones humides situées près de Valence, en Espagne, et en Sicile. Aujourd'hui, le riz consommé en Europe est principalement importé d'Asie.
En Afrique, une espèce locale de riz, *Oryza glaberrima*, est cultivée et consommée depuis 3 500 ans. Mais le riz asiatique s'y est peu à peu implanté. Sur ce continent, il va connaître trois phases d'importation : d'abord au Maghreb, où les Arabes l'ont introduit ; puis à l'Est, par le commerce avec l'Inde ; et enfin en Afrique de l'Ouest, importé par les Portugais. Dès le xve siècle, le « riz asiatique » est importé en Amérique centrale et au Brésil par les conquérants espagnols. À partir de 1690, il se diffuse en Caroline du Sud (États-Unis) puis, au xviiie siècle, vers les Guyanes.
À partir du xviie siècle, le « riz africain » est également importé, par l'intermédiaire de l'esclavage, en Caroline du Sud, au Brésil et dans les Guyanes.

Téléphone portable et anorak dans les réseaux de la mondialisation

La mondialisation se traduit par la diffusion de produits sur toute la planète, qu'ils soient issus de la technologie des sociétés industrielles ou dérivés des artisanats traditionnels.
Le téléphone portable ou l'anorak en sont des illustrations. Le téléphone portable, inventé aux États-Unis puis commercialisé au Japon à la fin du xxe siècle, a rapidement été adopté par le monde entier. Il est aujourd'hui utilisé partout et pour tout : communiquer, bien sûr, mais aussi négocier le passage des troupeaux, s'informer sur les cours mondiaux des produits agricoles, s'orienter grâce au GPS, etc. Objet industriel standardisé, il est toutefois très souvent personnalisé.

Les étuis constituent un habillage sur lequel le propriétaire peut inscrire une appartenance ou une identité, voire les revendiquer.
En Ukraine, les étuis en tissu sont brodés de motifs qui décorent depuis des siècles les étoffes employées lors des cérémonies familiales, religieuses... Au Vanuatu, ce sont les techniques et les matières végétales servant traditionnellement à la réalisation de sacs qui sont réutilisées. Le téléphone portable contribue ainsi à la pérennité des savoir-faire artisanaux en faisant se rejoindre « modernité » et « tradition ».
L'anorak (*annuraaq*, en inuktitut, du mot *anuri* qui signifie « vent ») est un vêtement d'origine inuit. Au contact des peuples de l'Arctique, les Occidentaux ont adopté ce vêtement, son principe et son nom. Dès le début du XXe siècle, ils produisent leurs propres anoraks, inspirés du modèle inuit. En matières synthétiques, ceux-ci sont tout d'abord destinés aux explorateurs et militaires. Produit et distribué industriellement dès le milieu du XXe siècle, l'anorak se diffuse dès lors mondialement. Pour les Inuits, il demeure une production artisanale, originale et actuelle, qui se décline sous diverses formes comme l'amauti, manteau de femme inuit qui protège de l'eau et du vent et permet de porter un bébé dans sa poche postérieure.

Étuis et coques de téléphone portable de diverses régions
Cambodge
Vanuatu
Sumatra

Mondialisation et affirmations identitaires
Embarcation en roseau du Pérou, vanneries du Sahara, amulettes du Sénégal, objets rituels du Vanuatu et peintures de la Papouasie Nouvelle-Guinée, tous ces exemples témoignent que les identités locales continuent de s'affirmer dans le contexte de la mondialisation actuelle.

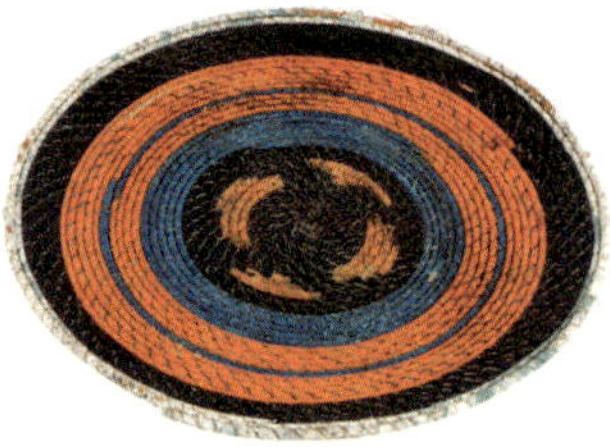

Les nouveaux usages de la barque péruvienne

Le caballito de totora, « petit cheval de roseau », doit son nom à la position à califourchon de son utilisateur. Cette barque en roseau est l'embarcation traditionnelle des pêcheurs dela côte nord du Pérou. Elle est utilisée depuis des millénaires, et encore aujourd'hui, bien que la pêche se pratique de plus en plus avec d'autres bateaux. Sa fabrication artisanale, à laquelle se sont ajoutés de nouveaux matériaux comme le plastique et le polystyrène, est inscrite au patrimoine culturel national péruvien. Depuis les années 2000, des surfeurs venus du monde entier l'ont adapté pour en faire un usage sportif.

Le renouveau des vanneries des oasis sahariennes

La colonisation et l'industrialisation des pays du Maghreb ont donné lieu à l'importation de nouveaux objets et matériaux venus d'Europe. Diffusés dans un premier temps dans les villes, ces éléments ont été adoptés par les habitants des oasis à partir des années 1950. Ainsi, l'introduction du plastique et de l'aluminium dans la production de vanneries en palmier dattier, artisanat typique de ces régions, en a renouvelé les formes, les motifs et les usages.

La transformation des amulettes sénégalaises

Au Sénégal, la confection d'amulettes, utilisées pour guérir ou protéger leur propriétaire, est une pratique ancienne. Les amulettes d'aujourd'hui combinent matières naturelles et versets du Coran, auxquels sont venus s'ajouter des produits manufacturés issus de l'industrie et du commerce mondial. Ces derniers contribuent, avec leurs caractéristiques, au renouvellement de ces objets. Ces amulettes ont surtout un usage local, mais elles circulent au gré des migrations.

Une nouvelle dynamique pour les patrimoines locaux du Vanuatu

Dans l'archipel du Vanuatu, en Océanie, le Centre culturel de Port Vila, la capitale, a été créé par les autorités coloniales pour conserver les témoignages des cultures dont la disparition semblait inexorable. Aujourd'hui, réinvesti par les populations autochtones, ce lieu participe à la préservation de leur patrimoine, en soutenant et encourageant le développement des pratiques locales. Il contrôle l'exportation des productions « traditionnelles » par les touristes, collectionneurs ou musées étrangers. Il concourt ainsi au rayonnement des cultures du Vanuatu, tant au niveau régional que mondial.

Évangélisation et culture locale en Papouasie-Nouvelle-Guinée

L'évangélisation, pratiquée dès le début du xxe siècle en Papouasie-Nouvelle-Guinée, a eu des effets considérables sur divers aspects de la vie des populations locales. À partir des années 1960, les messes et les textes sont traduits du latin en langues papoues, afin de faciliter la conversion des populations autochtones. Dans le même but, l'utilisation de représentations et de symboles locaux est acceptée pour orner les églises. Aujourd'hui, les peintures et décors de celles-ci mêlent iconographie chrétienne et représentations mythologiques régionales en un syncrétisme religieux.

LA YOURTE, ENTRE TRADITION ET MODERNITÉ

La yourte, habitation traditionnelle des peuples des steppes d'Asie centrale qui se déplacent sur leur territoire, a été adaptée à un mode de vie moderne. Du lino, facile à nettoyer, recouvre la moitié de la yourte où sont situés l'espace dédié à l'élevage et la cuisine, espace réduit et très fonctionnel. Domaine féminin, cette partie de la yourte regroupe les provisions, les ustensiles de cuisine et les bidons d'eau. Le fond de la yourte est recouvert de moquette et de tapis. Il est réservé à l'accueil des invités et aux objets de culte, généralement regroupés sur un meuble, avec les photos de la famille. Les Mongols y font des offrandes de nourriture et y brûlent de l'encens. La yourte est aujourd'hui transportée par camion et équipée de panneaux solaires, qui alimentent en énergie parabole, radio et télévision, et permettent ainsi de la connecter au reste du monde. À l'inverse, en France, la yourte incarne un mode de vie simple, un « retour à la nature ». Ce type d'habitat est prisé par les amateurs de séjours alternatifs qui aspirent à s'éloigner du monde industriel et de sa société de consommation.

CAR DE TRANSPORT EN COMMUN SÉNÉGALAIS

Au Sénégal, en 2015, les fourgons Renault SAVIEM SG2, initialement des rebuts du Nord, assurent toujours une grande part des transports de passagers quotidiens urbains et interurbains. Des peintures artisanales, ornements, écritures et objets à fonction magique et protectrice ou rappel de valeurs morales, d'événements sportifs ou historiques, recouvrent toute la surface du véhicule et jusqu'à l'intérieur. Le véhicule exposé est un chef-d'œuvre d'art populaire, c'est-à-dire selon ses auteurs, les peintres El Hadj Saliou Kane et Pape Omar Pouye « un art qui parle à tout le monde » un témoignage de l'histoire du Sénégal et de ses relations avec la France et l'Europe depuis le XIXe siècle.

SOCIETE MUSULMANE
TRANSPOT

Des ressources à préserver et à partager

« Rendre soin [de la planète Terre], respecter son intégrité physique et biologique, tirer parti de ses ressources avec modération, [...] dans le respect de toute forme de vie, est le projet le plus réaliste, le plus magnifique qui soit.»
_ Pierre Rabhi

Les ressources de la planète, comme ses capacités d'absorption de nos rejets, sont limitées. Depuis les années 1980, notre consommation de ressources naturelles dépasse la capacité de la planète à les régénérer et à éliminer les déchets produits. Néanmoins, nous n'avons pas tous le même impact sur l'environnement : 20 % des êtres humains exploitent aujourd'hui 80 % des ressources. Or de plus en plus de populations aspirent à consommer davantage et à acheter des produits du monde entier. Comment satisfaire les besoins et les désirs croissants d'une population humaine toujours plus importante ? Notre planète supportera-t-elle la généralisation d'un mode de vie industrialisé ? Les sociétés humaines, dans leur diversité, sauront-elles s'accorder pour les partager et éviter de les épuiser ?

L'ÉROSION DE LA BIODIVERSITÉ

L'intensification des activités humaines modifie profondément les milieux naturels et menace la biodiversité à une échelle peut-être sans précédent dans l'histoire de la Terre. Cette dégradation de la biodiversité a de nombreux effets sur nos sociétés au quotidien, car notre équilibre dépend directement de la richesse de notre environnement biologique. La fonte de la banquise, la déforestation ou encore le braconnage ne sont que quelques-uns des dangers que l'Homme fait courir à l'ours polaire, à l'orang-outan ou à la panthère, espèces emblématiques d'une nature sauvage. Celles-ci sont protégées aujourd'hui, mais leur survie en milieu naturel n'est pas assurée. Pourtant, à travers leur protection et celle de leur habitat, c'est tout un écosystème riche et complexe que l'on peut conserver, du plus grand mammifère au plus petit insecte.

La disparition d'espèces plus discrètes, est tout aussi dramatique. Ainsi, la raréfaction des insectes pollinisateurs, principalement les abeilles et les bourdons, menacés notamment par l'uniformisation des paysages agricoles et par l'usage intensif des pesticides, pèse sur notre avenir. Indispensables au monde végétal et à l'agriculture, car sans eux nos champs et nos vergers deviendraient stériles, leur sauvegarde requiert des changements dans les pratiques agricoles. Or depuis quelques décennies, le développement de l'agriculture intensive et la mondialisation ont entraîné la sélection et la diffusion d'un nombre réduit de variétés, considérées comme plus performantes, donc plus rentables. Pourtant, depuis les débuts de l'agriculture, l'Homme a mis au point de nombreuses variétés de plantes, adaptées à des contraintes climatiques et écologiques très diverses, contribuant ainsi à un enrichissement de la biodiversité.

Épis de maïs
Zea mays
Chiquilistlán, Jalisco, Mexique
Récolte de 2014
Variétés locales (à droite)
Variété hybride moderne (à gauche)
Chiquilistlán, Jalisco, Mexique
Récolte de 2014

Au Mexique, berceau de la domestication du maïs, des variétés modifiées et très productives remplacent peu à peu les centaines de variétés ancestrales, pourtant riches de qualités agronomiques et gustatives. Tandis que les citadins achètent quotidiennement, dans des boutiques spécialisées ou des supermarchés, des galettes de maïs provenant de l'agriculture intensive, les ruraux, continuent de planter des variétés anciennes selon leurs pratiques traditionnelles, comme dans le village de Chiquilistlán où l'on cultive plus de 20 variétés de maïs différentes. Perdurent ainsi des usages ancestraux, porteur de marques identitaires, parallèlement à des modes de production et de consommation adaptés à la vie urbaine.

L'EAU DOUCE, UNE RESSOURCE PRÉCIEUSE

1 % de l'eau sur Terre est exploitable.
Consommation usage domestique :
170 litres d'eau potable par personne chaque jour dans le monde
1, 5 litres par bouteille
10 litres par chasse d'eau
50 litres par douche
100 litres par machine à laver
300 litres par bain

Faire pousser une pomme : 125 litres
Produire un café : 132 litres
Produire une pizza : 1 260 litres
Produire 200 grammes de bœuf : 2 300 litres
Cultiver le coton pour tisser un tee-shirt : 2 720 litres

La consommation et l'accès à l'eau sont inégaux dans le monde.
Consommation réelle (en prenant en compte tous les produits utilisés, par personne et par jour) :

- République démocratique du Congo, 1 500 litres
- Chine, 2 900 litres
- France, 4 500 litres
- Australie, 6 300 litres

Il existe des solutions...

Vers un monde toujours plus artificiel

Loin de s'opposer à l'évolution biologique de notre espèce, l'évolution technologique et culturelle que nous connaissons sollicite plus que jamais nos capacités d'adaptation. Comme toutes les espèces, l'Homme ne cesse d'évoluer sous l'effet de mécanismes biologiques et d'interactions avec son environnement. Pourtant, nous sommes les seuls à avoir développé des modes de vie et des technologies qui décuplent l'impact que nous avons sur notre milieu et sur notre propre espèce. C'est un défi que nous lançons à nos capacités d'adaptation à un environnement transformé, ainsi qu'à notre éthique, à l'heure où nous pouvons modifier directement notre génome ou équiper nos corps de dispositifs technologiques destinés à améliorer nos performances.

CES MUTATIONS QUI FONT L'ÉVOLUTION

Comme toutes les espèces vivantes, Homo sapiens a évolué. Et son évolution se poursuit. Chaque individu est porteur de 25 à 130 nouveautés génétiques par des mutations. Ce sont des erreurs intervenues dans la copie de l'ADN lors de la fabrication du spermatozoïde et de l'ovule qui lui ont donné naissance. Le devenir des mutations dépend du hasard de la reproduction, ou de l'environnement : climat, altitude, microbes, alimentation... Tout peut jouer un rôle ! Certaines sont désavantageuses pour l'individu et ont tendance à être éliminées. D'autres, plus rares, s'avèrent avantageuses pour la vie et la reproduction de l'individu, et se transmettent alors plus facilement aux générations suivantes et se répandent d'autant plus vite. Mais la plupart n'apportent ni avantage ni désavantage à leur porteur : elles sont neutres face au filtre de l'environnement. Au hasard de la reproduction, elles peuvent se propager ou disparaître.

CES NOUVEAUX ENVIRONNEMENTS QUE NOUS GÉNÉRONS

Les modifications de grande ampleur et très rapides que nous imprimons à notre environnement en cherchant l'amélioration de nos conditions de vie influent sur le devenir des mutations génétiques. Nous manquons de recul pour savoir quelles mutations apporteront un avantage ou un désavantage à leurs porteurs dans ces nouveaux environnements. Prévoir notre évolution à long terme est donc très difficile. Certaines innovations peuvent se révéler nocives. Ainsi, l'aluminium des poêles ou des déodorants serait dangereux pour la santé. Certains composés présents dans les plastiques sont reconnus comme des perturbateurs hormonaux, dont les effets néfastes pourraient être transmis d'une génération à l'autre. Sans bannir systématiquement les matériaux innovants, nous devons être très attentifs à leur usage car nous manquons de recul face à leur impact sur notre organisme. L'industrie agroalimentaire a sans doute contribué à l'éradication des famines, mais le développement d'une production alimentaire de masse soulève des questions. Ainsi la suralimentation peut être incompatible avec une vie très sédentaire, entraîner des formes de malnutrition et avoir un impact négatif sur notre santé qui peut se transmettre aux générations futures. Car nous sommes ce que nous mangeons mais également ce que nos parents ont mangé !
Le développement des antibiotiques et des vaccins a globalement fortement amélioré la santé des populations même si de très fortes disparités persistent dans le monde. Mais l'emploi massif des antibiotiques a provoqué la multiplication des bactéries résistantes. Les scientifiques travaillent ainsi sans cesse au développement de molécules luttant contre des bactéries toujours plus résistantes. Nous participons donc à une escalade dont l'issue est incertaine.
Alors que notre environnement s'élargit et se connecte avec le développement des transports, les contacts entre populations éloignées stimulent fortement le brassage génétique et créent une nouvelle diversité humaine. Mais ils facilitent aussi la circulation de maladies comme le sida, Ébola ou la grippe H1N1, et multiplient le risque de pandémies. Certains d'entre nous s'avèrent néanmoins mieux armés génétiquement que d'autres pour lutter contre ces infections.

Aux frontières de la condition humaine
De réparer l'être humain à l'améliorer et l'augmenter : les innovations techniques, mécaniques ou biologiques, pourraient faire entrer la fiction dans la réalité.

Soigner ou augmenter le corps ?

AUX FRONTIÈRES DE LA CONDITION HUMAINE

Pour soigner des maladies graves, réparer les corps ou permettre à tous de se reproduire, voire améliorer sa santé et ses aptitudes, l'Homme devient de plus en plus acteur de son évolution génétique. Aujourd'hui, on sait par exemple sélectionner le sexe des embryons ou ceux porteurs de certaines maladies génétiques. Et les techniques s'affinent en permanence. Demain, quels embryons sélectionnerons-nous ? Pourrons-nous intervenir sur notre génome, comme nous le faisons pour le maïs ? Selon quels critères ? Quelle humanité voulons-nous pour les générations futures ?
Le développement fulgurant des technologies remet en question les limites de la nature humaine. La frontière entre soins médicaux et amélioration technologique de nos performances s'estompe : nous sommes désormais face au possible développement d'un « Homme augmenté ». Cette évolution technologique pose des questions éthiques fondamentales, auxquelles nous devrons répondre tôt ou tard. Aux savoir-faire empiriques ont succédé de nouvelles technologies permettant de mieux dépister, diagnostiquer et soigner les maladies.
La chimie révolutionne les médicaments.
La biomécanique, l'informatique, voire le génie génétique, étendent leurs champs d'application. Toutes ces avancées contribuent à sauver ou à améliorer des millions de vies chaque année.
Le corps est toujours mieux réparé.
Les prothèses et les implants se perfectionnent, allant parfois jusqu'à afficher une certaine recherche esthétique.Désormais, il arrive que les innovations médicales, du médicament au produit dopant, de la chirurgie réparatrice à la chirurgie esthétique, des prothèses réparatrices aux exosquelettes de l'armée ou de l'industrie, soient exploitées audelà du secteur de la santé. Les remèdes et technologies, développés initialement pour soigner ou réparer les corps abîmés, atteignent un tel niveau de technicité qu'ils sont désormais utilisés dans d'autres buts : transformer, optimiser, améliorer des corps en bonne santé. L'idée, très ancienne, d'améliorer l'Homme et d'augmenter ses performances prend aujourd'hui une dimension inédite.
Certes, les superhéros de fiction restent les seuls humains augmentés connus à ce jour. Mais les progrès technologiques récents, issus notamment de la recherche médicale, permettent d'imaginer pour demain un humain qui dépasse ses limites naturelles. La perspective de pouvoir faire de notre corps, hérité biologiquement, un objet hybride conforme à nos désirs se rapproche de nous. Selon l'imagination de leurs créateurs, les superpouvoirs des superhéros sont de natures très diverses : prothèses greffées pour l'inspecteur Gadget, sérum pour Captain America ou mutations génétiques pour les X-Men.
Tous sont dotés de superpouvoirs, mais la plupart ont aussi une face sombre : comme les X-Men, ils sont souvent exclus de la société. Beaucoup rêvent d'être des hommes ordinaires, à l'instar de Benoît Brisefer, qui tente sans cesse de se débarrasser de ses pouvoirs. Finalement, leur destin est-il si enviable ? Et si l'avenir de l'Homme ne se trouvait pas dans l'augmentation de ses capacités, mais bien dans le développement des performances de ses outils ? Pour certains scientifiques, notre futur passera par le développement de l'intelligence artificielle et des robots.
Pour d'autres, il sera modelé par le perfectionnement de dispositifs déjà familiers : ordinateurs de plus en plus puissants, objets connectés, moyens de transport permettant de voyager plus vite et plus loin...

L'Homme évolue
La statue de femme enceinte, à gauche de l'image, fait partie du parcours sensoriel, qui permet au public d'aborder différemment les nombreux thèmes du parcours.

CRÉDITS DES ILLUSTRATIONS

© MNHN/JCDomenech pour toutes les images, exceptées les suivantes :
© Aristeas-Hubert Naudeix : 11.
© Didier Descouens, laboratoire d'anthropologie moléculaire et imagerie de synthèse de Toulouse : 71.
© Gohier : 17hg.
© MNHN/Bibliothèque centrale : 7b, 9h, 90.
© MNHN/Bernard Faye : 31, 32g, 38, 39hd, 39bd.
© MNHN/Patrick Lafaite : 33d, 39hg.
© MNHN/Daniel Ponsard : 4ème de couverture bg, 37bd, 59, 62b, 63, 64, 65, 91d.
© Pôle Nord Studio : 109.
D. R. © musée du quai Branly, Dist. RMN-Grand Palais / image musée du Quai Branly : 7h.
© MuCEM, Dist. RMN-Grand Palais / image MuCEM : 9b.
© Patrick Tourneboeuf : 13h, 15, 20, 61, 80-81.

REMERCIEMENTS

Cécile Aufaure, Jean-Christophe Domenech, Juliette Gouesnard, Isabelle Gourlet, Elsa Guerry, Agnès Parent, Pierre Pénicaud, Daniel Ponsard, Anne Stéphan (musée de l'Homme).

MUSÉUM NATIONAL D'HISTOIRE NATURELLE

Direction éditoriale : Anne Roussel Versini
Édition et iconographie : Marie Caillaud

ÉDITIONS ARTLYS

Direction éditoriale : Séverine Cuzin-Schulte
Édition : Violaine Aurias
Conception graphique : Catherine Barluet
Préparation et relecture des textes : Sylvie Bellu
Fabrication : Pierre Kegels
Photogravure : Fotimprim

© Muséum national d'histoire naturelle, 2015
57, rue Cuvier - 75005 Paris - www.mnhn.fr
www.museedelhomme.fr

© Éditions Artlys, 2015
44, quai Henri IV - 75004 Paris - www.artlys.fr

ISBN : 978-2-85495-613-9

Toute reproduction, même partielle, est strictement interdite conformément au Code de la propriété intellectuelle.

Dépôt légal : janvier 2016
Cet ouvrage a été composé en Helvetica Neue et Neutra et achevé d'imprimer en décembre 2015 sur les presses de la Stipa, Montreuil